UN AÑO EN ESPAÑA

UN AÑO EN ESPAÑA

CRISTINA LÓPEZ MORENO

Español Lengua Extranjera

SOCIEDAD GENERAL ESPAÑOLA DE LIBRERÍA S. A.

SGEL

Primera edición, 2010

Produce: SGEL – Educación
Avda. Valdelaparra, 29
28108 Alcobendas (Madrid)

© De las unidades: Cristina López Moreno
© De esta edición: Sociedad General Española de Librería, S. A., 2010

Diseño de cubierta: Thomas Hoermann
Maquetación: Disegraf S. L.
Fotografías: Getty Images, Shutterstock
Ilustraciones: Antoni Garcés y Pablo Torrecilla

ISBN: 978-84-9778-430-6

Depósito legal: M-28043-2010

Printed in Spain – Impreso en España

Impresión: Orymu, S.A.

PRESENTACIÓN

Un año en España parte de mi experiencia de más de diez años como profesora de español en Sheffield Hallam University, Gran Bretaña. Durante este tiempo, una de mis funciones principales ha sido preparar a mis alumnos para sus estancias Erasmus en diferentes universidades españolas, así como para su periodo de prácticas laborales en empresas ubicadas en España. Este libro surge, por tanto, como respuesta a la necesidad de proporcionar un manual de lengua española que refleje las necesidades específicas, tanto lingüísticas como culturales, de este tipo de estudiantes.

Un año en España es un método intensivo de español que, además de proporcionar conocimientos de idioma y cultura, pretende reflejar las experiencias de los estudiantes extranjeros en España. A tal efecto, el contenido está estructurado en torno al año académico y a las experiencias de un personaje central, una estudiante Erasmus en la Universidad de Santiago de Compostela. Las diferentes unidades siguen el progreso lingüístico de este personaje a lo largo del año, y a través de sus vivencias en España, expone al alumno a los aspectos culturales con los que se va encontrando en este periodo de tiempo. De esta manera, el libro combina un sistemático estudio del idioma con una fuerte dimensión cultural, proporcionando al estudiante una sólida preparación y convirtiéndose al mismo tiempo en un instrumento de motivación para su estancia lingüística en España.

El libro está dividido en 14 unidades divididas a su vez en cinco secciones destinadas a reforzar cada una de las destrezas lingüísticas: sección de lecturas, sección de gramática, actividades escritas, actividades orales y actividades auditivas. Todas ellas reproducen el contexto de la vida estudiantil en España y presentan la estancia lingüística como una experiencia muy positiva, algo tremendamente útil para mantener la motivación del alumno ante el reto de una estancia prolongada fuera de su país.

Me gustaría finalizar esta presentación agradeciendo la ayuda de una serie de personas que han hecho posible este libro. En primer lugar, mi agradecimiento va a la editorial SGEL por confiar en este proyecto y por la ayuda y sugerencias que me han ofrecido en todo momento. También quiero mencionar a mis alumnos de español de todos estos años, en los que me he basado para crear el personaje y las experiencias de Sonia, por ser una fuente constante de inspiración e ideas para mi trabajo. Finalmente, me gustaría dedicar el libro a mi familia por compartir mi entusiasmo por este proyecto y por todo el cariño que ponen diariamente en mí.

Cristina López Moreno

Lecturas

Las aventuras de Sonia

Vocabulario

¡Hola!	¿Qué tal?	Muy bien	¿Cómo te llamas? Me llamo…	Encantado
¡Buenos días!	¿Cómo estás?	Regular	¿De dónde eres? Soy de…	Perdona
¡Buenas tardes!		(Muy) mal	¿Dónde vives? Vivo en…	Gracias
¡Buenas noches!		Fatal	¿Hablas español? Sí/No	¡Adiós!
				¡Hasta luego!

El Blog de Sonia

BIENVENIDOS A MI BLOG SOBRE SOBRE MI AÑO DE ESTUDIOS EN ESPAÑA

¡Ya estoy en España!

¡Estoy en España!
Estoy muy nerviosa, hoy
es mi primer día en la
universidad.

Primeras impresiones

¡Muy buenas!
Santiago es una ciudad
antigua y preciosa, con
muchos estudiantes.

3 amigos nuevos

Petra
Olivier
Lisa (mi profesora de
español)

Archivo del blog

▶ septiembre (1)

1 DE SEPTIEMBRE

Mis primeros días en España

¡Hola! Me llamo Sonia, y tengo veinte años. Soy de Inglaterra, pero ahora vivo en Santiago de Compostela. Soy una estudiante Erasmus y estudio Empresariales aquí. ¡Es fenomenal! La universidad es estupenda y las clases de español son muy interesantes y divertidas.

Mi amiga Petra también es una estudiante Erasmus. Es alemana, y es muy simpática y extrovertida. Petra vive en el centro de la ciudad, cerca de la catedral.

Olivier también es un estudiante de español de la Universidad de Santiago. Es francés, de Nantes, y habla español muy bien. ¡También habla inglés y alemán! Yo sólo hablo inglés; bueno, y un poco de español. ¡Soy un desastre!

PUBLICADO POR SONIA WALTON A LAS 9:25

2 COMENTARIOS

Petra dijo...
Es un blog muy interesante, ¡es una idea estupenda!

Olivier dijo...
No eres un desastre, Sonia... ¡eres inglesa! Los ingleses solo hablan inglés ;-)
Pero el blog es muy divertido, ¡gracias!

PUBLICAR UN COMENTARIO EN LA ENTRADA

Contesta estas preguntas

a) ¿Es Sonia española?
b) ¿Por qué está en Santiago de Compostela?
c) ¿Quién es Petra?
d) ¿Qué idiomas habla Olivier?
e) ¿Por qué Sonia es "un desastre"?

Vocabulario nuevo:
aquí — divertidas
¿por qué? — ciudad
un poco — ¿quién?

1. Las nacionalidades

PAÍS	NACIONALIDAD (masculino)	NACIONALIDAD (femenino)
España	Español	Española
Francia	Francés	Francesa
Italia	Italiano	Italiana
Inglaterra	Inglés	Inglesa
Gran Bretaña	Británico	Británica
Alemania	Alemán	Alemana
Japón	Japonés	Japonesa
Portugal	Portugués	Portuguesa
Brasil	Brasileño	Brasileña
Bélgica	Belga	Belga
Marruecos	Marroquí	Marroquí
Estados Unidos	Estadounidense	Estadounidense

2. Los números: 0-100

0	cero	10	diez	20	veinte	40	cuarenta
1	uno	11	once	21	veintiuno	50	cincuenta
2	dos	12	doce	22	veintidós	60	sesenta
3	tres	13	trece	23	veintitrés	70	setenta
4	cuatro	14	catorce		......	80	ochenta
5	cinco	15	quince	30	treinta	90	noventa
6	seis	16	dieciséis	31	treinta y uno	100	cien
7	siete	17	diecisiete	32	treinta y dos		
8	ocho	18	dieciocho	33	treinta y tres		
9	nueve	19	diecinueve	...			

3. Las direcciones de e-mail

4. Los apellidos de los españoles

Todos los españoles tienen dos apellidos: el primer apellido es del padre; el segundo apellido es de la madre. Las mujeres españolas mantienen sus apellidos originales después del matrimonio.

Fíjate en este ejemplo:

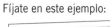

Jorge Martínez

Montserrat Fuertes Díaz Segura

Carlos Martínez Fuertes   Marcos Martínez Fuertes

Gramática: El verbo (ser)

Yo	SOY	Nosotros/as	SOMOS
Tú	ERES	Vosotros/as	SOIS
Él / ella / usted	ES	Ellos/as, ustedes	SON

(handwritten annotations: I, you, he/she/it, we, you (pl), they)

Ejemplos:

Marta **es** mi profesora de español.

Mis padres **son** de Andalucía.

Mi amiga y yo **somos** estudiantes de Empresariales.

Yo **soy** alemana, pero mi novio es de Estados Unidos.

1. Escribe la forma correcta del verbo *ser*

a. Paolo .... italiano, pero habla muy bien español.

b. Yo .... de Guatemala, pero ahora vivo en España.

c. Carmen .... estudiante de Filología, y habla inglés, francés y español.

d. Tú .... profesor de francés, ¿verdad?

e. Luisa y María .... mis amigas.

f. Mi novio y yo .... de Salamanca, una ciudad universitaria.

g. Galicia .... una región del norte de España.

h. "Laura, ¿.............. colombiana?"

   "No, ... de Argentina"

i. Vosotros .... de Madrid, pero vivís en Santiago.

j. Usted .... nuestro profesor de español.

El abecedario

A	B	C	D	E
F	G	H	I	J
K	L	M	N	Ñ
O	P	Q	R	S
T	U	V	W	X
Y	Z			

— ¿Cómo se escribe tu nombre?

— "J-A-V-I-E-R"

¡¡ ATENCIÓN !!

LETRAS CON DOBLE PRONUNCIACIÓN

C	Ca, co, cu	/k/	Ejemplo: casa, coche, cuchara
	Ce, ci	/Ө/	Ej.: cena, cigarro
G	Ga, go, gu	/g/	Ej.: gasolina, gorro, gusano
	Ge, gi	/x/	Ej.: geranio, girasol
	Gue, gui	/g/	Ej.: guerra, guisante
R	R	/r/	Ej.: caro, pero (r intervocálica)
			rosa, Enrique, alrededor
	RR	/rr/	Ej.: carro, perro

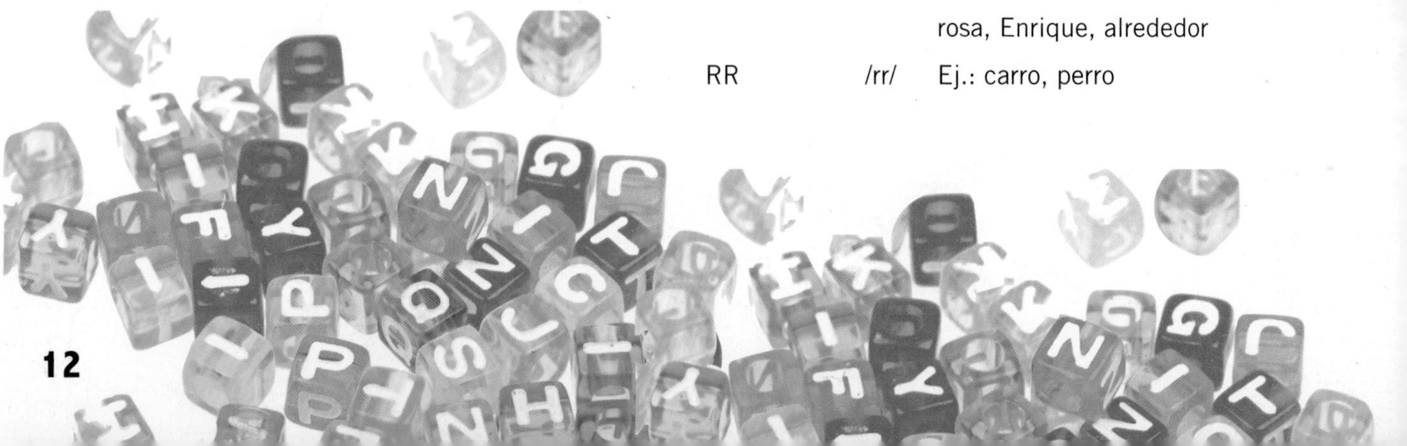

Nota cultural

BIENVENIDOS A LA SECCIÓN DE CULTURA ESPAÑOLA DE MI BLOG

NACIONALIDADES
PRINCIPALES EN ESPAÑA

Españoles (¡obviamente!)
Rumanos
Marroquíes
Bolivianos
Colombianos
Británicos

EN MI CLASE DE ESPAÑOL
HAY

3 estudiantes británicos
2 estudiantes franceses
4 estudiantes italianos
1 estudiante japonés
2 estudiantes alemanes
1 estudiante portugués
2 estudiantes polacos

En total: 15 estudiantes

ARCHIVO DEL BLOG
  ▶ septiembre (2)

8 DE SEPTIEMBRE

España y los extranjeros

España es un país multicultural. Hay muchas personas de otros países. Por ejemplo, en las universidades hay muchos estudiantes europeos, gracias al Programa Erasmus. En la actualidad, más de 25.500 alumnos europeos estudian en España: la mayoría son jóvenes de Italia, Alemania y Gran Bretaña. Pero también hay un gran número de estudiantes de otras partes del mundo, sobre todo de Estados Unidos y de Brasil.

Además de estudiantes, hay muchos extranjeros que trabajan en el país. España tiene tres millones y medio de inmigrantes, que representan el 8,7% de la población total. La mayoría de estos extranjeros son de América Latina y del norte de África.

También hay una gran cantidad de ciudadanos del norte de Europa que viven en las costas españolas, debido al buen clima y a sus numerosas playas. Estos extranjeros normalmente no trabajan: en general son personas de más de 60 años que están retiradas.

PUBLICADO POR SONIA WALTON A LAS 22:25

1 COMENTARIO

Lisa dijo...
¡Qué interesante! España es un país muy internacional y cosmopolita, ¿verdad?

PUBLICAR UN COMENTARIO EN LA ENTRADA

¿Verdadero o falso?

a) Muchos estudiantes de las universidades españolas son extranjeros.
b) Todos los estudiantes extranjeros de las universidades españolas son europeos.
c) Hay un número pequeño de extranjeros que trabajan en España.
d) La mayoría de los extranjeros que trabajan en España no son europeos.
e) Los extranjeros que viven en las zonas de costa normalmente no son estudiantes.

Vocabulario nuevo:
alumno   además de
la mayoría joven
ciudadanos debido a
que

Actividades escritas

1. ¿De dónde son estas personas?

a) ¡Hola! Me llamo John y soy de Inglaterra.
John es _____

b) ¡Hola! Me llamo Christa y soy alemana.
Christa es de _____

c) ¿Qué tal? Me llamo Françoise y soy de Suiza.
Françoise es _____

d) ¡Buenas tardes! Me llamo Keiko y soy de Japón.
Keiko es _____

e) ¡Hola! Me llamo Hugo y soy estadounidense.
Hugo es de _____

f) ¿Qué tal? Me llamo Roberto y soy de Turquía.
Roberto es _____

2. Escribe unas líneas con información sobre ti

....

....

....

Actividades orales

1. Práctica de pronunciación

euro	rosa	aeropuerto	paella	genial
niño	hermano	general	cereales	ciudad

2. Actividad en grupos: información sobre tus compañeros

	Nombre	Nacionalidad	Residencia	Dirección de correo electrónico	Teléfono
COMPAÑERO A					
COMPAÑERO B					
COMPAÑERO C					

3. Conversación entre dos famosos

Estudiante A

Penélope Cruz
profesión: actriz
nacionalidad: española
(Madrid)
residencia: Estados Unidos
dirección de e-mail:
pecruz@gmail.com
teléfono: 676 899 066

Estudiante B

Rafael Nadal
profesión: tenista
nacionalidad: española
(Mallorca)
residencia: Madrid
dirección de e-mail:
rntenis@solonet.es
teléfono: 677 412 325

4. ¿Cuánto cuesta…? Inventa el precio

Estudiante A

a) El diccionario   ¿libro? ....

b) La cerveza   ¿café? ....

c) La paella   ¿vino? ....

d) El lápiz   ¿bolígrafo? ....

e) El periódico   ¿sopa? ....

Estudiante B

a) El libro   ¿el diccionario? ....

b) El café   ¿la cerveza? ....

c) El vino   ¿la paella? ....

d) El bolígrafo   ¿el lápiz? ....

e) La sopa   ¿el periódico? ....

Actividades auditivas

1. El verbo *ser*

	FRASE	SIGNIFICADO EN TU IDIOMA
a	"Eres español"	¿?
b		
c		
d		
e		
f		
g		

2. ¿Quién habla?

	NOMBRE	NACIONALIDAD	RESIDENCIA
A			
B			
C			
D			

3. Busca los errores

CARNET DE ESTUDIANTE

Facultad: Arquitectura
Universidad de Almería
Nombre: Ángela Ferrer
Nacionalidad: española

Idiomas: español, inglés, francés
E-mail: ap31@telefonica.es
Teléfono: 643 728 214

CARNET DE ESTUDIANTE

Facultad: _____

Universidad de

_____

Nombre: _____

Lugar de nacimiento: _____

Dirección: _____

Teléfono: _____

4. Precios

a) _____ b) _____ c) _____ d) _____ e) _____

f) _____ g) _____ h) _____ i) _____ j) _____

Mis viajes

BIENVENIDOS A LA SECCIÓN DE MIS VIAJES POR CIUDADES Y PUEBLOS ESPAÑOLES

EDAD DE MIS AMIGOS
Yo: 20 años
Sara: 19 años
Lisa: 54 años
Petra: 29 años

BUENAS INTENCIONES
Visitar...
　Granada
　Salamanca
　Barcelona
　Madrid

Hablar...
　Mucho español
　Poco inglés

Vivir...
　Con una familia espa-
　ñola
　Cerca del centro y de
　la universidad

PÁGINA WEB DE LA OFICINA DE TURISMO DE SEVILLA
http://www.turismosevilla.org/index.php

ARCHIVO DEL BLOG
▶ septiembre (3)

14 DE SEPTIEMBRE

Sevilla

¡Hola! Mi amiga Sara es inglesa, y estudia en la Universidad de Sevilla. Sara no habla español, ¡de momento! El día 17 de septiembre es su primera clase y está un poco nerviosa. ¡Es normal!

Sevilla es una ciudad muy histórica, y está en el sur de España, en una región que se llama Andalucía. Sara vive cerca del centro, en el barrio de Santa Cruz: una parte muy bonita de la ciudad.

Sevilla es una ciudad muy antigua, ¡tiene más de 2000 años! El centro tiene muchos edificios y monumentos importantes; por ejemplo, la catedral con su famosa torre, que se llama Giralda. Otro edificio importante es el Alcázar, un antiguo palacio árabe. También hay muchos parques y jardines bonitos. Sara tiene suerte de estudiar en Sevilla.

PUBLICADO POR SONIA WALTON A LAS 4:25

2 COMENTARIOS

Sara dijo...
¡Hola, Sonia! ¿Qué tal por Santiago? Sevilla es preciosa, ¡visítame pronto!

Lisa dijo...
Mi amiga Irina también estudia en Sevilla, ¡qué coincidencia! Es una universidad fantástica, y tiene muchos estudiantes extranjeros.

PUBLICAR UN COMENTARIO EN LA ENTRADA

Contesta estas preguntas

　a) ¿Quién es Sara?
　b) ¿Dónde está Andalucía?
　c) ¿Qué es la Giralda?
　d) ¿Qué cosas interesantes hay en Sevilla?
　e) ¿Por qué Sara tiene suerte de estudiar en Sevilla?

Vocabulario nuevo:
barrio　antigua
torre　bonita
edificios　tiene suerte

17

Lecturas

Las aventuras de Sonia

Vocabulario

1.   **¿Cómo se dice en tu idioma…?**

padre _____

primo/a _____

sobrino/a

madre _____

abuelo/a _____

novio/a _____

marido/a _____

HIJO/A _____

tío/a _____

mujer _____

hermano/a _____

amigo/a _____

nieto/a _____

El Blog de Sonia

BIENVENIDOS A MI BLOG SOBRE MI AÑO DE ESTUDIOS EN ESPAÑA

1 DE OCTUBRE

MI PERSONALIDAD...

Lo bueno...
 Trabajadora
 Simpática ☺
 Extrovertida

Lo malo...
 Muy impaciente
 Nerviosa

ACTOR ESPAÑOL PREFERIDO
Eduardo Noriega

Porque es inteligente, tiene mucho talento... ¡y es muy guapo!

ARCHIVO DEL BLOG
 ▶ septiembre (3)
 ▼ octubre (1)

Tras un mes

Estoy muy contenta en España. Pero a veces echo de menos a mi familia... ☹☹☹

En Inglaterra vivo en una casa muy grande con muchas personas; no es común en mi país, pero para mí es lo ideal.

Ahora vivo con una familia española, la familia Perales: es muy bueno para mi español porque hablo constantemente con todos. Es una familia típicamente española. Los padres, que se llaman Raúl y Silvia, son muy jóvenes y divertidos. Raúl es profesor de matemáticas en un colegio: es bastante alto y moreno. Silvia es dependienta en una librería. Es una mujer muy atractiva, también morena y de ojos verdes. Tienen dos hijos, Rosa y Pablo. Rosa es una chica joven, es muy simpática y ahora somos muy amigas. Pablo es su hermano pequeño: tiene 17 años y estudia en un instituto en las afueras de Santiago.

La abuela de Rosa y Pablo vive en la misma casa: es bastante normal en España. Tiene 75 años, pero es muy activa. Tiene el pelo blanco y usa bastón. Otra persona importante en la familia es el tío Arturo, que es muy simpático. No vive con la familia de Rosa, pero está de visita todas las semanas. Y por último, está Totó, un perro precioso: es un miembro más de la familia. Totó tiene 10 años, es muy viejo para ser perro. ¡Pero es tan gracioso!

PUBLICADO POR SONIA WALTON A LAS 10:45

2 COMENTARIOS:

Olivier dijo...
Es buena idea vivir con una familia española. Yo vivo con otros estudiantes extranjeros y la casa es un caos, con tantos idiomas y culturas diferentes. ¡Pero es muy divertido!

Petra dijo...
¡Hola, Sonia! ¿En qué idioma hablas con Totó? ;-) Besos.

PUBLICAR UN COMENTARIO EN LA ENTRADA

Contesta estas preguntas

   a) ¿Por qué la familia de Sonia no es típica de Inglaterra?
   b) ¿Cuántas personas viven en casa de la familia Perales?
   c) ¿Quién es Raúl?
   d) ¿Dónde trabaja Silvia?
   e) ¿Vive el tío Arturo con la familia Perales?
   f) ¿Quién es Totó?

Vocabulario nuevo:
a veces   ahora
dependienta   gafas
gracioso   afueras
bastante   librería
echo de menos

2. El árbol de familia: haz frases como en el ejemplo

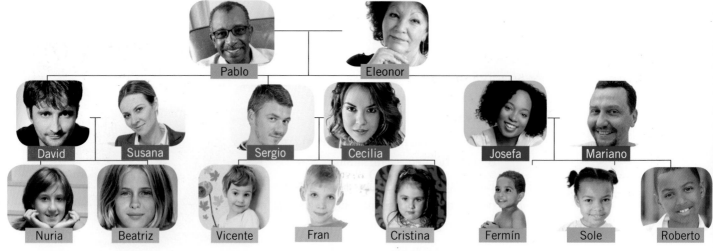

Pablo — Eleonor

David — Susana — Sergio — Cecilia — Josefa — Mariano

Nuria — Beatriz — Vicente — Fran — Cristina — Fermín — Sole — Roberto

a) Nuria – Beatriz: *Nuria es la hermana de Beatriz*

b) Sergio – Fran: _____

c) Vicente – Sole: _____

d) David – Fran: _____

e) Sergio – Cecilia: _____

f) Eleonor – Cristina: _____

g) Roberto – Pablo: _____

Los números 100- infinito

100	**cien**	**200**	**dos**cientos
101	*ciento* uno	300	tres*cientos*
112	*ciento* doce	400	cuatro*cientos*
143	*ciento* cuarenta y tres	**500**	**quinientos**
		600	seis*cientos*
		700	sete*cientos*
		800	ocho*cientos*
		900	nove*cientos*

1 000	**mil**
10 000	diez *mil*
100 000	cien *mil*
1 000 000	**un millón**

3. Escribe estos números

a) 1 435: _____

b) 7 512: _____

c) 20 698: _____

d) 104 390: _____

e) 512 076: _____

f) 2 403 388: _____

g) 7 550 315: _____

4 0 0 1 2 5 5 4 8 0

Los adjetivos

Descripción física	Personalidad	Colores
Grande ≠ Pequeño	Contento ≠ Triste	Amarillo
Largo ≠ Corto	Tranquilo ≠ Preocupado	**Verde**
Alto ≠ Bajo	Simpático ≠ Antipático	**Rojo**
Gordo ≠ Delgado	Sano ≠ Enfermo	Azul
Bonito ≠ Feo	Cansado ≠ Enérgico	Magenta
Limpio ≠ Sucio	Inteligente ≠ Tonto	**Marrón**
Frío ≠ Caliente	Aburrido ≠ Divertido	Gris
Moreno ≠ Rubio	Trabajador ≠ Perezoso	**Negro**
Viejo / Mayor ≠ Joven	Rápido ≠ Lento	**Blanco**

¡¡ FIJATE !!

El dormitorio es muy bonito, pero la cocina es pequeña y fea.

El padre de Sandra es alto y delgado.

La novia de Manuel no es muy guapa, pero es muy simpática.

Vocabulario del cuerpo humano

El pelo

El ojo

La cabeza

La nariz

La boca

El cuello

La espalda

El brazo

La mano

El dedo

El pie

La pierna

¡¡ FIJATE !!

Penélope Cruz es una actriz española muy famosa. ¡Es muy guapa! Es bastante alta y delgada. Tiene el pelo largo y moreno. Tiene los ojos marrones. Penélope es muy elegante; además, es trabajadora y simpática. Para mí, es la chica ideal.

4. La pareja ideal: traduce estos dos textos a tu idioma

Para mí, la chica ideal es baja, porque yo también soy bastante bajo. Es delgada, pero no mucho, y tiene los ojos grandes y bonitos. Es una persona tranquila y simpática, con muchos amigos.

_____

_____

Para mí, el chico ideal es alto, y tiene el pelo corto y moreno. Tiene los ojos verdes o azules, y es bastante delgado. Es deportista y preocupado por su salud. En cuanto a su personalidad, es inteligente y divertido.

_____

_____

2

Gramática: Género y número

Él	Chic**o**	Es	Simpátic**o**
La	Chic**a**	Es	Simpatic**a**
Los	Chic**os**	Son	Simpátic**os**
Las	Chic**as**	Son	Simpátic**as**

¡¡ ATENCIÓN !!

El profesor es inteligen**te** - La profesora es inteligen**te**

El comedor es azul - Los comedor**es** son azul**es**

1. Transforma estas frases

a) El dormitorio es pequeño *(en plural)* _El dormitorio_

b) El profesor es mejicano *(en femenino)* _____

c) El libro está en la biblioteca *(en plural)* _____

d) El hermano de Jorge está cansado *(en femenino)* _____
_____

e) La Universidad es muy internacional *(en plural)* _____
_____

f) El gato es grande *(en femenino)* _____

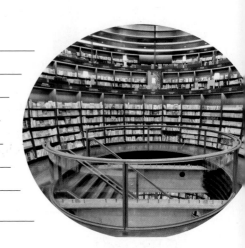

Para hacer preguntas...

¿Cuándo? Ej.: *¿Cuándo es la fiesta?*

¿Dónde? Ej.: *¿Dónde es la fiesta?*

¿Cuánto/a/s? Ej.: *¿Cuántos hermanos tienes?*

¿Por qué? Ej.: *¿Por qué lo dices?*

¿Cuál/es? Ej.: *¿Cuál es tu libro favorito?*

¿Quién/es? Ej.: *¿Quién es tu profesor?*

¿Qué? Ej.: *¿Qué planes tienes para hoy?*

¿Cómo? Ej.: *¿Cómo estás?*

2

Nota cultural

BIENVENIDOS A LA SECCIÓN DE CULTURA ESPAÑOLA DE MI BLOG

¿QUÉ ES LO MÁS
IMPORTANTE DE TU VIDA?

a) familia
b) amigos
c) trabajo
d) dinero
e) amor
   (15 votos)

LA FAMILIA REAL ESPAÑOLA
La familia Real española. ¿Qué relación tienen entre ellos?
http://www.casareal.es/
familia/index-ides-idweb.
html

RESULTADO DE LA VOTACIÓN
¿DÓNDE VIVEN TUS ABUE-
LOS?

   a) en una residencia 34%
   b) con sus hijos 12%
   c) solos, en su casa 54%

ARCHIVO DEL BLOG
   ▶ septiembre (3)
   ▼ octubre (2)

8 DE OCTUBRE

La familia en España

La institución de la familia tiene mucha importancia en España. Es un estereotipo, pero responde a una realidad social. En general, los miembros de las familias españolas tienen una relación muy cercana. Por ejemplo, el 70% de los jóvenes españoles opina que lo

más importante de sus vidas es la familia: más que los amigos, el dinero, el tiempo libre o el trabajo. Casi el 38% de los jóvenes entre 25 y 34 años viven en la casa familiar. En Europa, sólo Italia tiene un número más alto de jóvenes en esta situación. En mi país, es totalmente diferente, porque la mayoría de los jóvenes es independiente antes de los 20 años.

En España también es normal que varias generaciones vivan en la misma casa; por ejemplo, en muchas familias los abuelos, padres y nietos viven juntos. Pero esta tendencia está en disminución y cada vez más abuelos viven solos o en residencias especiales. De todas formas, en España hay más contacto diario entre las diferentes generaciones que, por ejemplo, en los países del norte de Europa.

Hoy en día, las familias españolas modernas son pequeñas. El número medio de hijos por mujer es sólo 1,4. Esto es un gran problema para España, porque necesita 2,1 hijos por mujer para renovar la población. ¡España necesita más niños!

PUBLICADO POR SONIA WALTON EN 09:30

2 COMENTARIOS:
Petra dijo...
¿Muchos "jóvenes" españoles de 34 años viven con sus padres??? ¡En Alemania no es normal vivir con tus padres cuando tienes más de 18 años!
Oliver dijo...
¡Las familias españolas tienen muy pocos hijos! Para mí es una sorpresa: en Francia lo normal son dos niños en cada familia.

PUBLICAR UN COMENTARIO EN LA ENTRADA

¿Verdadero o falso?

   a) El trabajo es lo más importante en las vidas de los jóvenes españoles.
   b) La mayoría de los jóvenes españoles de 25 a 34 años viven con sus padres.
   c) España es el país europeo donde más jóvenes entre 25 y 34 años viven en la casa familiar.
   d) Es cada vez más normal que los abuelos vivan solos.
   e) Los españoles tienen pocos hijos.

Vocabulario nuevo:

cercana   opina
vida   medio
dinero   renovar
en disminución
cada vez más

23

Actividades escritas

1. Escribe el adjetivo opuesto y una frase como en el ejemplo

a) guapo

a) feo. El novio de Teresa es feo.

b) alto

b) _bajo_

c) largo

c) _Corto Pequeño_

d) gordo

d) _Delgado_

e) _Pequeño_

e) grande

f) divertido

f) _Aburrido_

g) contento

g) _Triste_

2. ¿Cómo es tu chica o chico ideal? Describe su aspecto físico y personalidad

_____

_____

3. Describe a esta familia. ¡Inventa sus datos!

_____

_____

_____

Actividades orales

1. ¿Cuánto cuesta? Inventa el precio de estos objetos

Ej.: **Estudiante A:**
*"¿Cuánto cuesta
el ordenador?*
Estudiante B:
"Cuesta 950,60 euros".

Precio A: _____ _____ _____ _____ _____
Precio B: _____ _____ _____ _____ _____

2. La familia de tu compañero. Rellena la tabla con la información correspondiente

	Padres	Hermanos	Abuelos	Tíos
Nombre				
Edad				
Descripción física				
Otra información				

3. Haz preguntas a tu compañero, usando los adverbios interrogativos

	PREGUNTA	RESPUESTA
¿Qué?	Ej.: *¿Qué día es hoy?*	*Es sábado*
¿Cómo…?		
¿Cuándo…?		
¿Dónde…?		
¿Por qué…?		
¿Quién…?		

4. Mi monstruo favorito

Monstruo A

Monstruo B

a) Dibuja tu monstruo en el primer recuadro.
b) Ahora pregunta a tu compañero sobre su monstruo.
c) Dibuja el monstruo de tu compañero, según su descripción.
d) Cuando termines, tu compañero te preguntará sobre tu monstruo.

Ej: *"¿Cuántos ojos tiene tu monstruo?" "Mi monstruo tiene 7 ojos." "¿Cómo es el pelo de tu monstruo?" "Es largo y azul"*

5. Actividad oral en parejas: ¿Cuántos habitantes hay en estas regiones? Pregúntale a tu compañero

Mapa A

Andalucía: 7.849.799
Cataluña: 6.995.206
Galicia: 2.762.198
Castilla-León: 2.510.849
País Vasco: 2.124.846
Castilla-La Mancha: ¿?
Aragón: ¿?
Com. Valenciana: ¿?
Extremadura: ¿?
Asturias: ¿?

Mapa B

Castilla-La Mancha: 1.894.667
Aragón: 1.269.027
Com. Valenciana: 4.692.449
Extremadura: 1.083.879
Asturias: 1.062.998
Andalucía: ¿?
Cataluña: ¿?
Galicia: ¿?
Castilla-León: ¿?
País Vasco: ¿?

2

Actividades auditivas

Pista 5
1. Identifica los errores de este carnet de estudiante

CARNET DE ESTUDIANTE

Facultad: Medicina

Universidad de Santiago de Compostela

Nombre: Fernando Pérez Cruz

Edad: 23 años

Lugar de nacimiento: Santander

Dirección: C/ Montero Ríos, 32, 2º A

Teléfono: 670 88 90 12

CARNET DE ESTUDIANTE

Facultad: _____

Universidad de
_____

Nombre: _____

Edad: _____
Lugar de nacimiento: _____

Dirección: _____

Teléfono: _____

Pista 6
2. Escucha e identifica a estas familias

A

B

C

D

Familia 1___   Familia 2___   Familia 3___   Familia 4___

Pista 7
3. ¿Cuál es tu número de teléfono? Escucha y escribe el número correcto

a) _____   b) _____

c) _____   d) _____

e) _____   f) _____

Vocabulario nuevo:

parece que

Pista 8
4. Identifica a estas personas

 1

 2

 3

 4

 5

 6

A) _____ B) _____ C) _____ D) _____ E) _____ F) _____

Pista 9
5. Escucha estas descripciones y completa la tabla

	Ojos	Pelo	Boca	Estatura	Peso
1ª persona					
2ª persona					
3ª persona					

Mis viajes

BIENVENIDOS A LA SECCIÓN DE MIS VIAJES POR CIUDADES Y PUEBLOS ESPAÑOLES

LO MÁS IMPORTANTE DE UNA CIUDAD ES...

- la arquitectura
- la gastronomía local
- la gente
- las actividades culturales
- otra cosa

(16 votos)

MÁS INFORMACIÓN SOBRE ZARAGOZA

http://www.zaragoza.es/ciudad/turismo/

ZARAGOZA: DATOS DE INTERÉS

Distancia a Madrid: 325 km
Población: 682.283 personas
Número de estudiantes universitarios: 31.893
Distancia al aeropuerto más cercano: 10 km

ARCHIVO DEL BLOG

- ▶ septiembre (3)
- ▼ octubre (3)

12 DE OCTUBRE

Hoy estoy en Zaragoza

¡Hola a todos! Este es mi segundo viaje por España, y estoy en Zaragoza. Zaragoza es una ciudad que está en el interior de España, al este de Madrid. Es famosa por su arquitectura tradicional, especialmente por su catedral, y también por su gastronomía.

Hoy es el 12 de octubre, y es el Día del Pilar. Es un día festivo en toda España, pero en Zaragoza se celebra de manera especial. Hay una semana de fiestas y actividades culturales; por ejemplo, hay teatro en las calles, conciertos, corridas de toros y muchas cosas más.

Igual que muchas otras fiestas españolas, el origen del Día del Pilar es religioso, pero hoy en día su aspecto social y cultural es más importante. Mucha gente de otras partes de España visita Zaragoza estos días: ¡las calles están llenas de gente! Es muy diferente de las fiestas de mi país, porque aquí casi todas las actividades son en la calle. ¡Las fiestas españolas son muy divertidas!

Es fantástico estar aquí. Zaragoza es una ciudad muy bonita, con un centro histórico y una zona moderna muy interesante. Está en una región que se llama Aragón. Hay muchos pueblos tradicionales en esta parte de España, pero yo no tengo tiempo para visitarlos.

PUBLICADO POR SONIA WALTON A LAS 11:15

2 COMENTARIOS:
Petra dijo...
Zaragoza... es difícil de pronunciar, ¿no? Hasta el lunes.
Lisa dijo...
¡Qué interesante! El día 12 de octubre también se celebra el Día de la Hispanidad en España y América Latina. Es el aniversario del descubrimiento de América.

PUBLICAR UN COMENTARIO EN LA ENTRADA

Contesta estas preguntas

a) ¿Por qué está Sonia en Zaragoza?
b) ¿Qué es el Día del Pilar?
c) ¿Es una fiesta exclusivamente religiosa?
d) ¿Hay muchas personas en Zaragoza el Día del Pilar?
e) ¿Es Zaragoza una ciudad antigua?

Vocabulario nuevo:
festivo   calles
hoy en día   edificios
se celebra
corridas de toros
llenas   igual que

27

Lecturas

Las aventuras de Sonia

Vocabulario

El piso de Sonia

El piso donde vive Sonia es bastante grande: tiene tres dormitorios, un salón luminoso, una cocina bien equipada y un comedor pequeño. Además, tiene dos cuartos de baño, porque hay muchas personas en el piso. También tiene una terraza muy grande y con muchas plantas: esto es típico de muchos pisos españoles. Es un piso espacioso y muy cómodo.

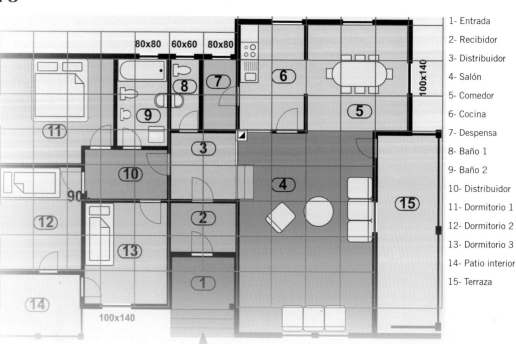

1- Entrada
2- Recibidor
3- Distribuidor
4- Salón
5- Comedor
6- Cocina
7- Despensa
8- Baño 1
9- Baño 2
10- Distribuidor
11- Dormitorio 1
12- Dormitorio 2
13- Dormitorio 3
14- Patio interior
15- Terraza

El Blog de Sonia

BIENVENIDOS A MI BLOG SOBRE MI AÑO DE ESTUDIOS EN ESPAÑA

EDIFICIOS IMPORTANTES EN SANTIAGO

El ayuntamiento
La catedral
Las casas del casco viejo
El monasterio de S. Martín Pinario

LO MEJOR DE SANTIAGO ES QUE...

- 👍 Hay muchos estudiantes y gente joven (22%)
- 👍 La arquitectura es maravillosa (18%)
- 👍 Hay muchos bares y restaurantes (38%)
- 👍 La gente es muy amable (22%)

LAS MEJORES FOTOS DE SANTIAGO

http://www.jorgetutor.com/spain/galicia/a_corunha_provincia/santiago/santiago.htm

ARCHIVO DEL BLOG

- ▶ septiembre (3)
- ▶ octubre (3)
- ▼ noviembnre (1)

1 de noviembre

Estoy muy contenta en España. Después de dos meses aquí, estoy bastante integrada y tengo muchos amigos. Santiago es una ciudad muy interesante: tiene una universidad muy antigua con muchos estudiantes españoles y extranjeros. Igual que otras ciudades españolas, tiene dos partes claramente diferenciadas: el casco viejo (la zona antigua) y el casco nuevo (la zona moderna). El casco viejo está al norte, y tiene edificios preciosos y antiguos, como la catedral o el monasterio de San Martín Pinario, además de muchas iglesias y monumentos históricos. El casco nuevo está al sur: tiene edificios modernos, y hay muchos colegios, cines, cafeterías, centros deportivos, etc.

Aunque es una ciudad pequeña, Santiago tiene mucha vida, gracias a la universidad. Es fantástica por las noches, cuando los bares y los restaurantes están llenos de gente. ¡Es una ciudad perfecta para los estudiantes!

Yo vivo en un piso del casco nuevo. Está en una calle muy céntrica y tiene muchas tiendas y supermercados cerca. Mi dormitorio es fantástico, porque es grande y soleado, y tiene vistas a una plaza muy bonita. ¡Es genial!

PUBLICADO POR SONIA WALTON A LAS 00:33

2 COMENTARIOS:

Sara dijo...
¡Buenas noches desde Sevilla! ¿Cómo estás? Tus fotos de Santiago son fantásticas, es una ciudad increíble.

Petra dijo...
Mi parte favorita de Santiago es el casco viejo, especialmente la plaza de la Quintana, muy cerca de la catedral. Tiene un ambiente mágico por las noches.

PUBLICAR UN COMENTARIO EN LA ENTRADA

Contesta estas preguntas

a) ¿Qué tiene de especial la Universidad de Santiago?
b) ¿Es toda la ciudad igual?
c) ¿Por qué es una ciudad perfecta para estudiantes?
d) ¿Está bien situado el piso donde vive Sonia?
e) ¿Está contenta Sonia en su piso?

Vocabulario nuevo:

además de   llenos
vistas   aunque
tiendas   genial
vida   soleado

3

1. ¿Cómo es tu casa?

Vivo en Barcelona con mi marido y nuestros hijos en una casa preciosa. Es bastante grande y moderna, y además tiene un jardín muy bonito. Tiene tres dormitorios con mucha luz, una cocina bien equipada, un salón grande y dos cuartos de baño. La casa está en las afueras de Barcelona, pero está muy bien comunicada con el centro. Es una casa ideal para una familia grande.

Vivo en Valencia con mi novia y dos amigos más. Nuestro piso es horrible: es muy pequeño para cuatro personas, y está sucio y desordenado. Hay tres habitaciones, una cocina vieja y un cuarto de baño muy húmedo y frío. Además, está bastante lejos del centro. Es un piso deprimente, pero somos estudiantes y no tenemos dinero para un piso mejor.

Jaime

Contesta a estas preguntas

a) ¿Por qué la casa de Marisa es ideal para una familia grande?

b) La casa está en las afueras de Barcelona, ¿es esto un problema para Marisa? ¿Por qué?

c) ¿Es el piso de Jaime céntrico?

d) ¿Qué características generales tiene su piso?

e) ¿Por qué no viven en un piso diferente?

2. El pueblo de mi amiga Rosa

Mi amiga Rosa y su familia viven en Santiago, pero son de un pueblo muy bonito que se llama San Luis del Mar. San Luis está en la costa norte de Galicia, muy cerca de una playa preciosa. El pueblo es bastante grande. En el centro hay una plaza principal, con muchos árboles y flores. La plaza tiene un kiosco para comprar periódicos y dulces para los niños. Al norte de la plaza hay varias tiendas y una iglesia antigua muy interesante. San Vicente también tiene cafeterías y muchos sitios interesantes para visitar. ¡Es un pueblo precioso!

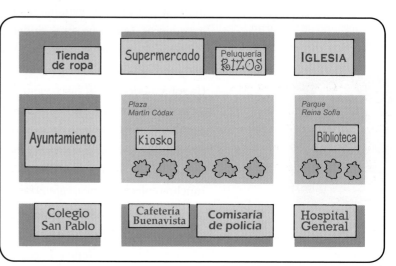

3. ¿Dónde trabajan estas personas? Mira el mapa del pueblo

 El médico
 La enfermera
 El conductor
 El dependiente
 El peluquero

 El administrativo
 El policía
 El camarero
 La profesora
 La cocinera

Ej.: *El médico trabaja en el hospital*

_____
_____
_____
_____

Gramática: **Diferencia *ser* / *estar***

SER	
Yo	**SOY**
Tú	**ERES**
El / ella/ usted	**ES**
Nosotros /as	**SOMOS**
Vosotros / as	**SOIS**
Ellos / as Ustedes	**SON**

- **Características permanentes**:
  - Ej: *Soy alta*
  - *Sofía es española*
- **Profesiones**:
  - Ej: *Mi padre es electricista*
  - *Somos estudiantes universitarios.*
- **Fechas y horas**:
  - Ej: *Hoy es martes, son las tres de la tarde.*

ESTAR	

- **Características temporales**:
  - Ej: *Manolo está cansado.*
  - *Mis padres están enfermos.*

- **Situación geográfica**:
  - Ej: *La Puerta del Sol está en Madrid.*
  - *El vino está en la mesa.*

Yo	**ESTOY**
Tú	**ESTÁS**
El / ella/ usted	**ESTÁ**
Nosotros /as	**ESTAMOS**
Vosotros / as	**ESTÁIS**
Ellos / as Ustedes	**ESTÁN**

1. Rellena los espacios con la forma correcta de *ser* o *estar*

a) La casa de Tomás _____ pequeña.

b) Este chico _____ mi hermano.

c) La Puerta del Sol _____ en el centro de Madrid.

d) La niña _____ triste.

e) Esta actriz _____ Penélope Cruz.

f) Marta y Leo _____ profesores en un colegio internacional.

g) Vosotros _____ contentos porque terminasteis los exámenes.

h) La paella _____ un plato típico español.

i) El bebé de mi hermana _____ una niña.

j) "Sandra, ¿dónde _____ el diccionario de español?" "_____ en la biblioteca".

2. ¡Atención! Estos adjetivos pueden llevar *ser* o *estar*, pero cambian de significado. Escribe una frase con cada adjetivo

ser aburrido _____

_____

ser rico _____

_____

ser listo _____

_____

estar aburrido _____

_____

estar rico _____

_____

estar listo _____

_____

3

Actividades escritas

1. Sopa de letras. Busca 5 palabras relacionadas con la ciudad

Q	E	P	R	F	V	A	I	T	H	J	M	O
U	S	A	I	L	O	B	F	R	E	B	I	M
E	R	R	Z	E	P	L	P	I	P	G	F	C
T	I	Q	P	O	L	N	U	G	E	C	N	M
S	I	U	J	Q	A	D	S	L	A	Y	P	I
V	F	E	V	U	Z	M	O	I	S	M	K	L
T	I	E	N	D	A	C	L	H	F	D	E	A
A	Q	R	P	L	K	H	U	D	X	Y	H	O
Z	T	G	H	U	L	I	G	L	E	S	I	A

2. Imagínate que esta es la familia con quien vives en España. Escribe un e-mail a tus amigos describiéndola

FAMILIA PAZ RÍOS: RESIDENCIA EN SANTANDER

Abuelo
Marcos
Policía
retirado
Edad
78 años

Madre
Elena
Empleada
de banco
Edad
49 años

Padre
Juan
Peluquero
Edad
44 años

Primo
Carlos
Camarero
Edad
23 años

Hijo
David
Estudiante
de instituto
Edad
17 años

Hija
Laura
Estudiante
de colegio
Edad
6 años

Perra
Chapita
Edad
1 año
y medio

Gato
Lucero
Edad
7 años

3. Describe tu casa o piso. Menciona:

▶ dónde está _____

▶ tamaño y número
de habitaciones _____

▶ personas con
las que vives _____

▶ situación dentro
de la ciudad _____

▶ descripción general _____
_____
_____

Nota cultural

BIENVENIDOS A LA SECCIÓN DE CULTURA ESPAÑOLA DE MI BLOG

1 DE NOVIEMBRE

Los estereotipos

España es un país que tiene un total de 17 regiones, que se llaman Comunidades Autónomas. Cada región es un poco diferente de las otras y tiene una cultura particular. El español, o castellano (es otro nombre para el idioma), se habla en todo el país, pero algunas regiones tienen también una lengua propia. En general, los españoles están muy orgullosos de las diferencias culturales de su región.

Hay muchos estereotipos sobre la personalidad de los habitantes de diferentes regiones, ¡es muy gracioso! Por ejemplo, en Andalucía el clima es muy caluroso y la gente está mucho en la calle. Por eso se dice que los andaluces son muy simpáticos y alegres, pero no son trabajadores. En Galicia el clima es húmedo y los gallegos están mucho tiempo en casa. Por eso se dice que los gallegos son muy serios y no hablan mucho. Cataluña es una región más rica que el resto de España. Por eso se dice que los catalanes son arrogantes, pero muy trabajadores... ¡Cuántos estereotipos! Pero no siempre son verdad, claro.

También hay muchos estereotipos sobre diferentes nacionalidades. Por ejemplo, se dice que los alemanes son muy serios, pero Petra es muy simpática. Y se dice que los italianos son muy simpáticos y sociables, pero Simona, que está en mi clase de español, habla muy poco y es bastante aburrida. También se dice que los británicos no hablan idiomas extranjeros, ¡¡y no es verdad!! Por ejemplo, yo hablo español perfectamente. Y castellano también.

PUBLICADO POR SONIA WALTON A LAS 02:44

2 COMENTARIOS:

Lisa dice...

Yo soy argentina, y en mi país se dice que los españoles son muy serios, pero también muy trabajadores.

Olivier dice...

¡Pues en mi país se dice que los españoles son un poco vagos!

PUBLICAR UN COMENTARIO EN LA ENTRADA

¿ES VERDAD?

El **paraíso** es donde...
▶ Los cocineros son franceses
▶ Los mecánicos son alemanes
▶ Los cantantes son británicos
▶ Los amantes son italianos
▶ Y todo está organizado por los suizos

El **infierno** es donde...
▶ Los cocineros son británicos
▶ Los mecánicos son franceses
▶ Los cantantes son alemanes
▶ Los amantes son suizos
▶ Y todo está organizado por los italianos

ARCHIVO DEL BLOG
▶ septiembre (3)
▶ octubre (3)
▼ noviembre (2)

Contesta estas preguntas

a) ¿Qué son las Comunidades Autónomas?

b) ¿Qué es el castellano?

c) ¿Por qué se dice que los andaluces son muy simpáticos?

d) ¿Cuántos idiomas extranjeros habla Sonia?

e) En tu opinión, ¿hay un poco de verdad en los estereotipos?

Vocabulario nuevo:

cada   habitantes
rica   se habla
caluroso   arrogantes
lengua   por eso
orgullosos   se dice que

Actividades orales

1. ¿*Ser* o *estar*? Pregunta a tu compañero

	Tú	Tu compañero
¿Tu dormitorio / grande?		
¿Dónde / tu piso?		
¿Tú / cansado/a?		
¿Tus padres / altos?		
¿Tus amigos / en España ahora?		
¿Hoy / sábado?		
¿Tú / francés/a?		

2. En parejas: completa la tabla

	Tu casa / piso	La casa / piso de tu compañero
Número de personas		
Número de habitaciones		
Situación (céntrico / en las afueras)		
Limpio / sucio		
Ordenador / desordenado		
¿Contento con la casa / piso?		
¿Tú / francés/a?		

3. En grupos, inventad información sobre las personas de esta foto. Después, tenéis que exponer la información a la clase

a) ¿Dónde están?   b) ¿Qué relación tienen entre ellos?   c) ¿En qué trabajan?
d) ¿Dónde viven, y con quién?

4. Busca información sobre el personaje que representa tu compañero

Estudiante A

Tu identidad: Carolina Donoso

Te llamas Carolina. Eres de Bilbao, pero ahora vives en Barcelona: eres estudiante de Física en la universidad. Tienes una familia muy grande, con un total de 7 personas: tu madre (Laura), tres hermanos (Luis, Juan y Lisa), tu abuela (Josefa) y tu tía (Pepa).

Tu casa de Bilbao es muy grande: tiene cinco dormitorios y tres cuartos de baño. También tiene un jardín precioso, algo muy importante porque tenéis dos perros (Chispa y Lucas).

En Barcelona, vives en un piso pequeño con otros dos estudiantes. Hay sólo dos dormitorios, un salón-cocina y un cuarto de baño. El piso no es muy bonito, pero lo bueno es que está en el centro.

Ahora, averigua información sobre Pablo:
– ¿De dónde es?
– ¿Dónde vive?
– ¿Qué estudia?
– ¿Miembros de su familia?
– ¿Cómo es su piso de Alicante?

Estudiante B

Tu identidad: Pablo Martínez

Te llamas Pablo. Eres de Vigo, pero ahora vives en Alicante, porque estudias Ingeniería en la universidad. Tienes una familia muy pequeña, sólo tu madre (Carla) y tú, pero vives muy cerca de tus abuelos (Soledad y Tomás) y de tus tíos (Maribel y José).

En Alicante, vives en un piso enorme con un total de 7 estudiantes. ¡Es muy divertido! Tus compañeros de piso son estudiantes extranjeros: hay dos franceses, una chica italiana y tres alemanes. Siempre hay fiestas y el problema es que no estudias mucho. El piso no es muy céntrico, pero está cerca del campus.

Ahora, averigua información sobre Carolina:
– ¿De dónde es?
– ¿Dónde vive?
– ¿Qué estudia?
– ¿Miembros de su familia?
– ¿Cómo es su piso de Bilbao?
– ¿Cómo es su piso de Barcelona?

Actividades auditivas

1. Identifica la forma verbal de *ser* o *estar* y traduce la frase a tu idioma

Frase	Persona gramatical (*yo, tú, él, nosotros, vosotros o ellos*)	significado en tu idioma
a) Es muy interesante	¿?	
b)		
c)		
d)		
e)		
f)		
g)		
h)		
i)		
j)		

2. Empareja a estas personas con su lugar de trabajo

a. _____

b. _____

c. _____

d. _____

e. _____

f. _____

3. **Escucha esta llamada telefónica. ¿Qué problemas tiene este estudiante? Compara con el folleto publicitario**

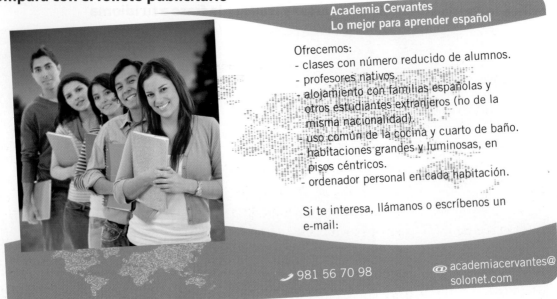

Academia Cervantes
Lo mejor para aprender español

Ofrecemos:
- clases con número reducido de alumnos.
- profesores nativos.
- alojamiento con familias españolas y otros estudiantes extranjeros (no de la misma nacionalidad).
- uso común de la cocina y cuarto de baño.
- habitaciones grandes y luminosas, en pisos céntricos.
- ordenador personal en cada habitación.

Si te interesa, llámanos o escríbenos un e-mail:

981 56 70 98

@ academiacervantes@solonet.com

4. **Escucha y rellena la tabla con la información correcta**

	CLAUDIA	LISA	RAMÓN
¿dónde vive?			
miembros de su familia			
animales de compañía			
profesión de los padres			
tipo de casa			

5. **Escucha a estos chicos describiendo su piso. ¿Verdadero o falso?**

Primer hablante:

	Verdadero	Falso
a) No hay terraza en su piso.		
b) Esta persona vive con unos amigos.		
c) Esta persona está contenta con su piso.		

Segundo hablante:

	Verdadero	Falso
d) Esta persona vive en el centro.		
e) Sólo una persona vive en esta casa.		
f) La casa está cerca del mar.		
g) Esta persona trabaja en el centro de la ciudad.		

Tercer hablante:

	Verdadero	Falso
h) El piso es muy soleado.		
i) El piso está siempre sucio.		
j) En este piso viven siete personas.		

Mis viajes

BIENVENIDOS A LA SECCIÓN DE MIS VIAJES POR CIUDADES Y PUEBLOS ESPAÑOLES

PROYECTO DE INVESTIGACIÓN SOBRE BARCELONA: ¿QUÉ ES...?
El Camp Nou
La Sagrada Familia
La Pedrera
El mercado de La Boquería

PERSONAJE FAMOSO DE BARCELONA
José Carreras

MÁS INFORMACIÓN SOBRE BARCELONA AQUÍ:
http://www.barcelonaturisme.com/Castellano/

ARCHIVO DEL BLOG
▶ septiembre (3)
▶ octubre (3)
▼ noviembre (3)

1 DE NOVIEMBRE

¡Estoy en Barcelona!

¡Hola, otra vez! Hoy es el 1 de noviembre: es el Día de Todos los Santos, y no hay clase porque es festivo. Es jueves, y el viernes hay "puente"; es decir, tampoco hay clase. ¡Cuatro días libres en total!

Estas mini-vacaciones estoy en Barcelona, con Petra y Olivier. Barcelona es la segunda ciudad más importante de España, después de Madrid. Es una ciudad increíble, con una arquitectura fantástica, especialmente los edificios del famoso arquitecto Antoni Gaudí. Además, Barcelona tiene un buen sistema de transporte público, muchos parques, y lo mejor... ¡siete playas en el centro de la ciudad!

Para mí, una cosa muy interesante es que aquí la gente habla un idioma diferente que se llama catalán, aunque el español también se habla. Es una región bilingüe, y no es la única en España. Por ejemplo, en Galicia se habla español y gallego, y en el País Vasco se habla español y euskera.

Petra, Oliver y yo estamos en un hotel pequeño cerca de las Ramblas. Las Ramblas son unas calles largas en el centro del casco viejo de Barcelona, una zona con muchos quioscos, música, pintores... Tenemos una habitación doble con cuarto de baño para Petra y para mí, y una habitación individual con ducha para Oliver. Son habitaciones grandes y cómodas, pero un poco ruidosas porque están en el centro de la ciudad. Para nosotros no es un gran problema, ¡siempre estamos en la calle!

PUBLICADO POR SONIA WALTON A LAS 14:55

2 COMENTARIOS:

Rosa dijo...
Sonia, ¡qué suerte! En Barcelona siempre hay muchas cosas que hacer, muchos sitios que visitar. ¡Es tan interesante!

Lisa dijo...
Para mí, lo mejor de Barcelona es el Parc Güell, del arquitecto Gaudí, es un sitio diferente de todo.

PUBLICAR UN COMENTARIO EN LA ENTRADA

Contesta estas preguntas

a) ¿Por qué está Sonia en Barcelona?
b) Explica qué es un "puente" en tu idioma.
c) ¿Qué es lo mejor de Barcelona?
d) ¿Qué es el catalán?
e) ¿Qué inconveniente tienen las habitaciones de Sonia y sus amigos?

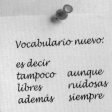

Vocabulario nuevo:
es decir
tampoco   aunque
libres   ruidosas
además   siempre

Lecturas

Las aventuras de Sonia

Vocabulario: **Preposiciones de lugar**

En

Entre

Al lado de

Delante de

En frente de

Detrás de

Al principio de

Al final de

En el medio de

 ¡¡FÍJATE!!

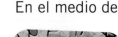

- *¿Dónde está la Oficina de Relaciones Internacionales?*
- *— Es muy fácil. Está al final de la calle, en frente de la biblioteca.*
- *¿Dónde está la Facultad de Historia?*
- *— Está entre la Facultad de Filología y la tienda de fotocopias.*

El Blog de Sonia

BIENVENIDOS A MI BLOG SOBRE MI AÑO DE ESTUDIOS EN ESPAÑA

LO MALO DE ESTUDIAR FUERA ES QUE...

- tu familia está lejos
- hay muchas costumbres diferentes
- es difícil comunicarse con la gente

LO BUENO DE ESTUDIAR FUERA DE TU PAÍS ES QUE...

- conoces personas de todo el mundo
- viajas mucho
- aprendes idiomas nuevos

¿ECHAS DE MENOS TU PAÍS?

- Sí, muchísimo. Todo es muy diferente aquí...
- Un poco, pero el teléfono es fantástico para estar en contacto con familia y amigos.
- No. Estoy muy contento/a aquí, mi experiencia de momento es genial.

ARCHIVO DEL BLOG

- ▶ septiembre (3)
- ▶ octubre (3)
- ▶ noviembre (3)
- ▼ diciembre (1)

1 DE DICIEMBRE

Diferencias entre Santiago y Londres

Esta semana estoy un poco cansada. Hablo español todos los días, a todas horas. Es agotador, pero ahora es un poco más fácil que antes. Mi nivel es mucho mejor que en septiembre, ¿verdad?

Hay muchas diferencias entre mi vida de Santiago y mi vida de Inglaterra. Por ejemplo, las clases de la universidad son diferentes. En Santiago tengo más horas de clase a la semana, y también hay muchos más estudiantes por aula que en Inglaterra. ¡Las clases son enormes! Pero no me importa, porque es una oportunidad para conocer a otras personas y para practicar español. Los profesores en general son bastante amables y tienen mucha paciencia con los estudiantes extranjeros como yo, que necesitamos más ayuda que los estudiantes españoles.

Es estupendo vivir aquí, es mucho mejor que Londres para los estudiantes. Londres es mucho más grande que Santiago, y eso a veces es un problema. Necesitas el metro o autobús para todo y hay demasiada gente en la calle. Londres es una de las ciudades más grandes del mundo, y aunque tiene sus ventajas, también tiene muchos inconvenientes. Santiago es más acogedor y es más fácil hacer amigos aquí. También es una ciudad menos peligrosa que, por ejemplo, Madrid.

PUBLICADO POR SONIA WALTON A LAS 09:34

2 COMENTARIOS

Rosa dijo...
Es normal estar cansada. Pero lo bueno es que tu español es estupendo ahora.

Petra dijo...
El sistema educativo español también es muy diferente del alemán, es normal porque es otro país.

PUBLICAR UN COMENTARIO EN LA ENTRADA

Contesta estas preguntas

a) ¿Por qué está Sonia tan cansada?
b) ¿Qué dos diferencias hay entre las clases de Santiago y las clases de Inglaterra?
c) ¿Por qué Santiago es más cómodo que Londres?
d) ¿Qué inconveniente tiene Madrid?

Vocabulario nuevo:
agotador, ayuda, antes, conocer, acogedor, nivel, amables, no me importa

1. Practica con este mapa

Mapa del Campus universitario

¡Estoy perdida!

— Perdona, ¿**cómo se va a** la estación de tren?

— **Vete** todo recto por esta calle. Al final de la calle, **gira** a la derecha.

— Perdone, ¿cómo se va al ayuntamiento?

— Bueno, **coge** la primera calle a la derecha y **sigue** todo recto hasta la rotonda. El ayuntamiento está a la izquierda.

— Perdona, ¿cómo se va al Museo de Arte Contemporáneo?

— **Vete por** esta carretera hasta los semáforos. Después **gira** a la izquierda y **sigue todo recto** durante unos 5 km.

2. ¡Ahora tú! Estás en la parada de metro (derecha del mapa). ¿Cómo se va a...?

Ej.: *¿Cómo se va a la Fundación Jiménez Díaz?*
Vete todo recto hasta la plaza de Cristo Rey. La Fundación está detrás de la plaza.

- ¿Cómo se va a la calle Hilarión Eslava?
- ¿Cómo se va a la Editorial Océano?
- ¿Cómo se va a la Cafetería Sicilia?

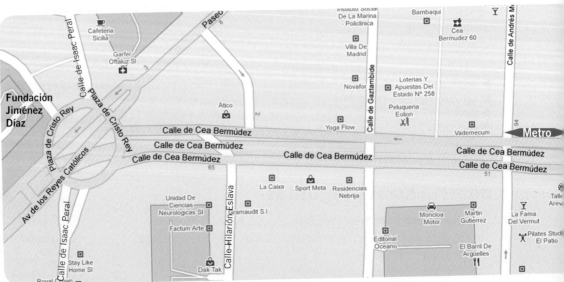

Gramática: **Los comparativos y superlativos**

Comparativos

- **Más + (adjetivo/sustantivo/adverbio) + *que***
  Ejemplo: *Rosa es más joven que yo*
  En el parque hay más niños que adultos.

- **Tan + (adjetivo/adverbio) + *como* // Tantos + sustantivo + *que* ~~como~~**
  Ejemplo: *Marta es tan alta como su madre.*
  Aquí hay tantos libros como en una biblioteca

- **Menos + (adjetivo/sustantivo/adverbio) + *que***
  Ejemplo: *La película es menos interesante que el libro*

  Excepción: con números: *más de / menos de*
  Ejemplo: *Hay más / menos __de__ 10000 personas en el estadio*
  de fútbol

Superlativos

- **El /la (…) más + adjetivo + de**

Ejemplo: Mi novio es el chico más guapo del mundo

FORMAS IRREGULARES		
ADJETIVO	**COMPARATIVO**	**SUPERLATIVO**
bueno	mejor	el mejor
malo	peor	el peor
grande	mayor o más grande	el mayor o el más grande
pequeño	menor o más pequeño	el menor o el más pequeño

Escribe frases comparativas como en el ejemplo

a) Mi hermano es (+ tranquilo) _____ mi hermana.

b) Rosa tiene (- dinero) _____ sus amigos.

c) Mi coche es (= viejo) _____ como el coche de Juan.

d) Hay (+ 15000) _____ libros en la biblioteca.

e) Este examen es (+ difícil) _____ los exámenes anteriores.

f) Hablar español es (= fácil) _____ hablar francés.

g) El cine es (- interesante) _____ teatro.

h) El chocolate es (+ bueno) _____ las aspirinas.

Actividades escritas

1. Describe el campus universitario. ¿Dónde está…?

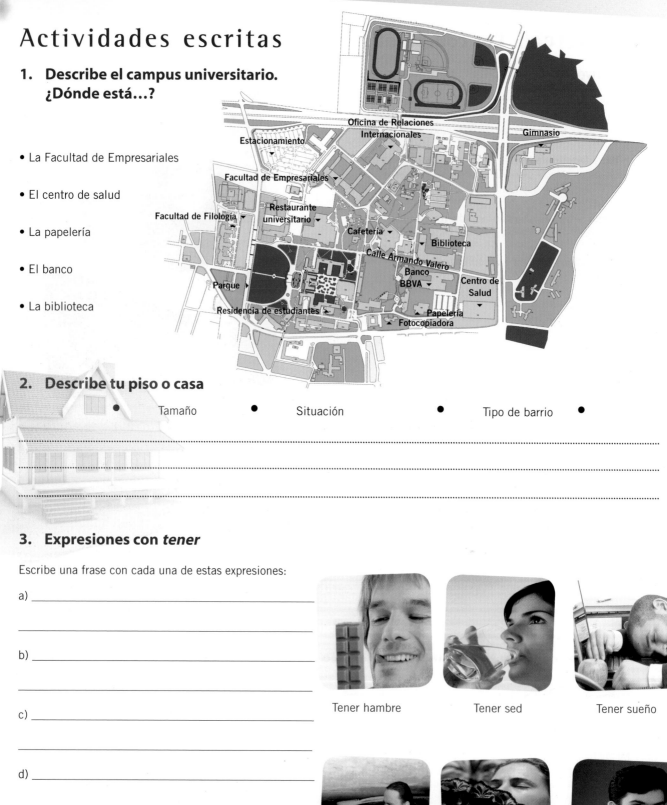

- La Facultad de Empresariales

- El centro de salud

- La papelería

- El banco

- La biblioteca

2. Describe tu piso o casa

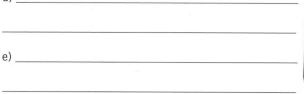

● Tamaño   ● Situación   ● Tipo de barrio ●

....

....

....

3. Expresiones con *tener*

Escribe una frase con cada una de estas expresiones:

a) _____

_____

b) _____

_____

c) _____

_____

d) _____

_____

e) _____

_____

f) _____

_____

Tener hambre   Tener sed   Tener sueño

Tener frío   Tener calor   Tener miedo

Nota cultural

BIENVENIDOS A LA SECCIÓN DE CULTURA ESPAÑOLA DE MI BLOG

4 DE DICIEMBRE

¿ES MEJOR VIVIR EN EL CAMPO O EN LA CIUDAD?

- ▶ En el campo, es más tranquilo
- ▶ En la ciudad, porque hay muchas cosas que hacer
- ▶ Depende de la ciudad y del pueblo
- ▶ No tengo preferencia

MAPA DE CARRETERAS DE ESPAÑA (ESENCIAL PARA PLANEAR TUS VIAJES)

http://www.mapas-espana.com/Mapa_Carreteras_Espana.htm

MI SÍMBOLO FAVORITO DE ESPAÑA

ARCHIVO DEL BLOG

- ▶ septiembre (3)
- ▶ octubre (3)
- ▶ noviembre (2)
- ▼ diciembre (2)

Los pueblos y las ciudades españolas

España es diferente de mi país en muchísimas cosas, eso es lo más interesante de vivir aquí. La gastronomía, el clima, el sistema universitario... ¡todo es distinto! Los pueblos y las ciudades también son diferentes. Por ejemplo, España se caracteriza por tener una población concentrada en grandes ciudades, que suelen estar situadas en las zonas de costa y en la capital, Madrid. El interior de España suele ser rural, y hay muy pocas ciudades de gran tamaño, con la excepción de Sevilla y Zaragoza.

Los pueblos y ciudades españolas se centran alrededor de una plaza principal, que suele estar delante del ayuntamiento, catedral o iglesia importante. La plaza y las calles circundantes son el corazón de la ciudad: es donde están la mayoría de las tiendas y es una zona que siempre está llena de gente.

Al contrario que en mi país, los españoles suelen vivir en pisos y no en casas. Prefieren vivir lo más cerca posible del centro de la ciudad. Esto significa que la densidad de población en el centro de las ciudades españolas es muy alta, y esto crea problemas como el exceso de tráfico y ruido. Pero a los españoles no les importa el ruido; en realidad, normalmente se sienten más cómodos en un ambiente bullicioso que en un lugar demasiado tranquilo. De hecho, ¡España es el país más ruidoso de Europa!

PUBLICADO POR SONIA WALTON A LAS 13:45

2 COMENTARIOS

Petra dijo...

Es verdad que muy poca gente vive en el interior de España, en comparación con la costa. Pero los pueblos del interior tienen más encanto que los pueblos de la costa, en mi opinión, porque son más tradicionales.

Olivier dijo...

Mi país también es bastante ruidoso: el ruido es típico de las culturas mediterráneas.

PUBLICAR UN COMENTARIO EN LA ENTRADA

¿Verdadero o falso?

a) Para Sonia, las diferencias entre España y Gran Bretaña son difíciles de aceptar.

b) Hay pocas grandes ciudades en España.

c) Las regiones costeras están muy habitadas.

d) Las plazas de las ciudades españolas son, en general, partes tranquilas de la ciudad

e) En general, el ruido no es problema para los españoles.

Vocabulario nuevo:

distinto   circundantes
ruido   de hecho
suele
corazón   bullicioso
tamaño   al contrario
demasiado   se caracteriza

Actividades orales

1. El plano de un piso. Diálogo con tu compañero

- Plano A: este es tu piso. Decide la situación de las siguientes habitaciones: dormitorio principal, dormitorio de invitados, salón, cocina y cuarto de baño.

- Plano B: este es el piso de tu compañero. ¿Dónde están las diferentes habitaciones? ¡Pregúntale!

Plano A

Plano B

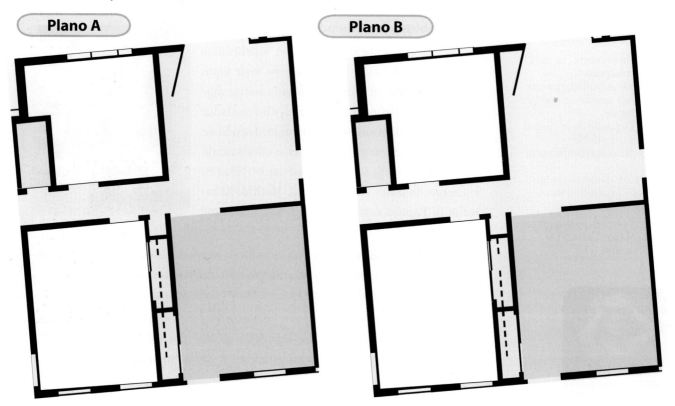

2. Actividad de internet: busca el mapa de Madrid en http://callejero.paginasamarillas.es/home.asp

Buscad la Puerta del Sol. Desde allí, ¿cómo se va a...?

- La Plaza Mayor

- La Plaza de Santa Ana

- El Convento de las Descalzas

- La calle Atocha

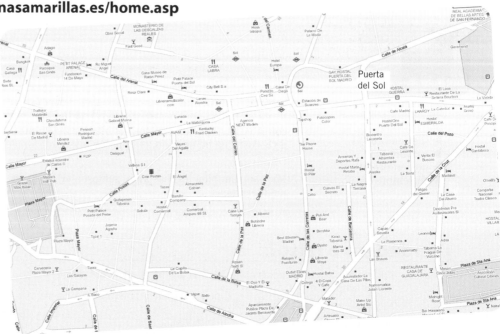

3. ¡Mi pueblo es mejor que el tuyo! ¿Por qué?

Ej.: *"Mi pueblo es mejor que el tuyo, porque tiene más supermercados"*
    "Sí, pero mi pueblo tiene más..."

	Pueblo A	Pueblo B
tiendas de ropa		
supermercados		
panaderías		
bibliotecas		
colegios		
iglesias		
habitantes	4690	4592

4. En mi opinión. Práctica del superlativo

Ej.: *"En tu opinión, ¿cuál es la ciudad más interesante del mundo?"* *"Madrid, claro"*

Estudiante A		Estudiante B
	ciudad / interesante	
	equipo de fútbol / bueno	
	película / más divertida	
	grupo de música / malo	
	famoso / guapo	
	libro / aburrido	
	monumento / impresionante	

Actividades auditivas

Pista 15

1. Escucha la información sobre estos hermanos y corrige los errores

SILVIA	LAURA	MANUEL	EMILIO
Edad: 20 años	Edad: 18 años	Edad: 24 años	Edad: 26 años
Estudiante de Ciencias	Estudiante de Ingeniería	Estudiante de Medicina	Estudiante de Enfermería
Estatura: 1,70 m	Estatura: 1,62 m	Estatura: 1,92 m	Estatura: 1,86 m
Peso: 78 kg	Peso: 58 kg	Color de ojos: verdes	Color de ojos: marrones
Intereses: televisión	Intereses: lectura	Peso: 65 kg	Peso: 80 kg
No tiene novio	No tiene novio	No tiene novia	Tiene novia

Pista 16

2. ¿Dónde está...? Escucha e identifica las salas

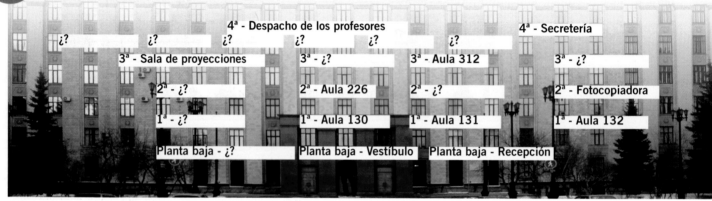

4ª - Despacho de los profesores   4ª - Secretería

¿?   ¿?   ¿?   ¿?   ¿?   ¿?

3ª - Sala de proyecciones   3ª - ¿?   3ª - Aula 312   3ª - ¿?

2ª - ¿?   2ª - Aula 226   2ª - ¿?   2ª - Fotocopiadora

1ª - ¿?   1ª - Aula 130   1ª - Aula 131   1ª - Aula 132

Planta baja - ¿?   Planta baja - Vestíbulo   Planta baja - Recepción

Pista 17

3. Escucha estas indicaciones e identifica los diferentes edificios

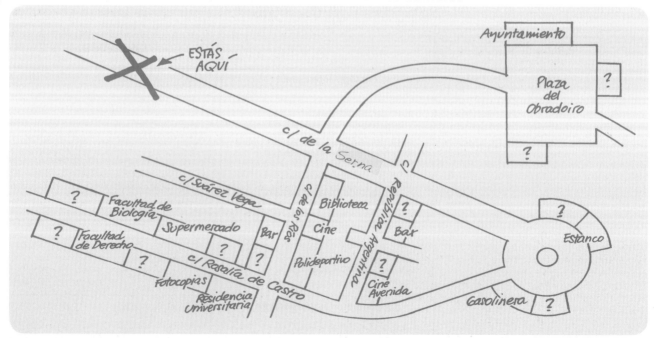

Mis viajes

BIENVENIDOS A LA SECCIÓN DE MIS VIAJES POR CIUDADES Y PUEBLOS ESPAÑOLES

5 DE DICIEMBRE

¡A esquiar!

¡Hola! Es la primera semana de diciembre, y hay otro "puente". En España el día 6 y día 8 de diciembre son festivos. El 6 es miércoles y el 8 es viernes, por eso la universidad también está cerrada el jueves, ¡cinco días libres! Muchos españoles llaman a estos puentes largos "acueductos"... un nombre muy apropiado.

Estoy de vacaciones en Navacerrada, una estación de esquí que está a 70 km de Madrid. Rosa y Olivier están conmigo, ¡es más divertido viajar con amigos! Navacerrada está en una zona de un paisaje precioso, con montañas muy altas y pueblos típicos de esta parte de España. Esta semana Navacerrada está especialmente bonita: hay mucha nieve en las casas y en los árboles, y las condiciones son perfectas para esquiar. Navacerrada es muy pequeña, sólo tiene 1775 habitantes, pero la estación de esquí siempre está llena de gente porque está sólo a una hora de Madrid.

Olivier, Rosa y yo pasamos la noche en un pueblo que se llama Riaza, en una casa rural típica de la zona. Las casas rurales son mejores que los hoteles, porque son más tradicionales y tienes un servicio más personal. Riaza está un poco lejos, a unos 45 minutos de Navacerrada, pero es mucho más barata que Navacerrada. La distancia no es problema porque tenemos coche. La ruta es muy fácil, desde nuestra casa es todo recto hasta la estación de esquí. Bueno, ¡hasta la semana que viene!

PUBLICADO POR SONIA WALTON A LAS 12:20

2 COMENTARIOS

Sara dijo...

¡Sonia, todos los meses estás en un sitio diferente! ¿Tienes tiempo para estudiar...?

Lisa dijo...

Si tienes tiempo, vete a Segovia, es una ciudad con mucha historia, y está sólo a 39 km de Navacerrada.

PUBLICAR UN COMENTARIO EN LA ENTRADA

PARA PASAR LAS VACACIONES, ME GUSTA MÁS...
- ▶ un hotel moderno
- ▶ una casa rural
- ▶ una pensión
- ▶ un camping

¿TU COCHE O EL BUS?
- ▶ el bus es más caro que el coche
- ▶ el bus es menos peligroso que el coche
- ▶ el coche es más rápido que el bus
- ▶ el bus es más cómodo que el coche

ARCHIVO DEL BLOG
- ▶ septiembre (3)
- ▶ octubre (3)
- ▶ noviembre (3)
- ▼ diciembre (3)

Contesta estas preguntas

a) ¿Por qué hay un «puente» en diciembre?

b) ¿Dónde está Navacerrada?

c) ¿Por qué las condiciones son perfectas para esquiar?

d) ¿Es difícil el viaje entre Madrid y Navacerrada?

e) ¿Por qué está Sonia en una casa rural lejos de Navacerrada?

Vocabulario nuevo:

cerrada   nieve
libres   árboles
acueducto   conmigo
estación de esquí
barata
pasar la noche

Lecturas

Las aventuras de Sonia

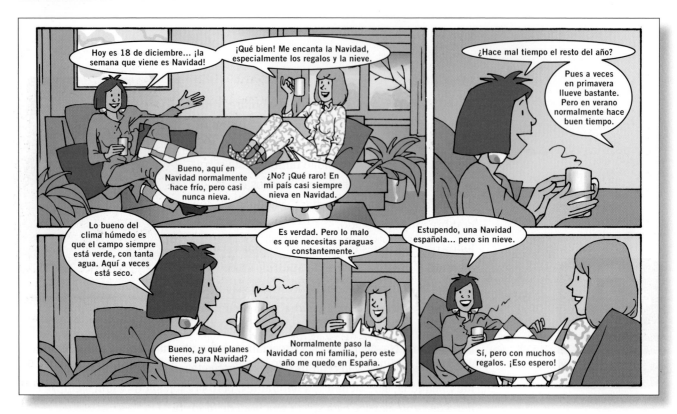

Vocabulario: El tiempo

¿Qué tiempo hace?

hace sol   hace calor   hace frío   hace viento

¡¡ FÍJATE !!

En primavera normalmente hace sol, pero a veces llueve.
En verano hace mucho calor.
En otoño a menudo está nublado y hace viento.
En invierno hace mucho frío, y a veces nieva.

hay tormenta   llueve   hay niebla   nieva   está nublado

El Blog de Sonia

BIENVENIDOS A MI BLOG SOBRE MI AÑO DE ESTUDIOS EN ESPAÑA

¿QUÉ ES TÍPICO DE LA NAVI-
DAD ESPAÑOLA?

- El Belén
- La lotería de Navidad
- El turrón
- Los villancicos
- El cava

¿DÓNDE PASAS LA NAVIDAD
ESTE AÑO?

a) En casa, con mi familia.
b) De viaje, con mi novio/a.
c) En un bar, con mis amigos.
d) En la biblioteca, con mis libros.

ARCHIVO DEL BLOG

- septiembre (3)
- octubre (3)
- noviembre (3)
- diciembre (3)
- ¡Feliz Navidad! (1)

24 DE DICIEMBRE

¡Feliz Navidad!

¡Hoy es Nochebuena, y mañana es Navidad! Este año paso la Navidad en España, porque tengo la oportunidad de conocer las costumbres típicas españolas. Mis amigos ingleses piensan que en España la Navidad se celebra en la playa... ¡pues no, al contrario! Mucha gente cree que España es un país seco y soleado, pero en realidad es un país con un clima muy variado. Por ejemplo, en el norte, el mar Atlántico trae lluvias y temperaturas más frías. En la zona este y sur hace mucho más calor por la influencia del Mediterráneo. Y en el interior de España, hay grandes contrastes de temperatura, con inviernos muy fríos y veranos muy calurosos. Como Santiago está en el noroeste de España, el clima es bastante frío y húmedo, ¡especialmente en Navidad!

Pero no importa, la Navidad española es muy diferente y tengo mucha suerte de estar aquí en estas fechas. Por ejemplo, esta noche hay una cena muy especial en casa de Rosa, con toda su familia, porque la noche del 24 de diciembre es el día más importante de la Navidad española. Normalmente hay mucha comida y mucho cava... ¡me encanta el cava! El día 31 de diciembre es Nochevieja, y hay una tradición muy interesante: a las 12 de la noche, todos los españoles comen 12 uvas, para tener suerte en el año nuevo. Otra cosa diferente es el día de los regalos: la mayoría de los niños españoles reciben sus regalos el 6 de enero.

¡Me voy a cenar, que me están esperando! ¡Feliz Navidad a todos!

PUBLICADO POR SONIA WALTON EN 21:29

2 COMENTARIOS

Sara dijo...
¡Feliz Navidad, Sonia! Yo estoy en Sevilla, y ahora mismo hace una temperatura perfecta: ni frío ni calor.

Lisa dijo...
¡Feliz Navidad! Estoy en Buenos Aires con mi familia. Aquí es verano ahora, hace muchísimo calor... En Navidad aquí es normal dar un paseo por la playa.

PUBLICAR UN COMENTARIO EN LA ENTRADA

Contesta estas preguntas

a) ¿Por qué pasa Sonia sus vacaciones de Navidad en Santiago?
b) ¿Es el clima español siempre bueno?
c) ¿Qué tiempo hace en Santiago en navidad?
d) ¿Qué planes tiene la familia de Rosa para la noche del día 24?
e) ¿Por qué se comen 12 uvas en la Nochevieja?

Vocabulario nuevo:
cree que   conocer
no importa costumbres
suerte   al contrario
cava   piensan que

49

¿Qué hora es?

08:00 Son las ocho	**08:25** Son las ocho **y** veinticinco	**08:40** Son las nueve **menos** veinte
08:05 Son las ocho **y** cinco	**08:20** Son las ocho **y** veinte	**08:45** Son las nueve **menos** cuarto
08:10 Son las ocho **y** diez	**08:30** Son las ocho **y** media	**08:50** Son las nueve **menos** diez
08:15 Son las ocho **y** cuarto	**08:35** Son las nueve **menos** veinticinco	**08:55** Son las nueve **menos** cinco

Excepción: **Es** la una

¿A qué hora…? Lee con atención

—Petra, ¿a qué hora cenas todos los días?
—Bueno, normalmente ceno **a las nueve de la noche**, es lo normal en España.

—Rosa, ¿a qué hora terminas las clases?
—Depende. Por ejemplo, los lunes termino **a las once de la mañana**, pero los jueves termino **a las seis de la tarde**.

Gramática: El presente de indicativo

I Verbos regulares

	HABLAR	COMER	VIVIR
Yo	Habl-**o**	Com-**o**	Viv-**o**
Tú	Habl-**as**	Com-**es**	Viv-**es**
Él / ella / usted	Habl-**a**	Com-**e**	Viv-**e**
Nosotros/as	Habl-**amos**	Com-**emos**	Viv-**imos**
Vosotros/as	Habl-**áis**	Com-**éis**	Viv-**ís**
Ellos/as, ustedes	Habl-**an**	Com-**en**	Viv-**en**

1. Rellena los espacios con la forma correcta del presente

a) Nosotros (abrir) ....abadmos.......... los paquetes.

b) Los lunes Roberto (comer) ......come.......... con sus amigos en el restaurante.

c) ¿Dónde (trabajar/usted) .....trabajas.........?

d) Tú (pagar) ....pagas.......... 9 euros por la entrada del museo.

e) Los alumnos de nuestro instituto (estudiar) ......estudan. español.

f) Yo (vivir) ....vivo...... en la capital del país.

g) Ustedes (leer) ....leen................. la carta.

h) ¿Por qué no (llamar/vosotros) ....llama.......... a María?

i) Los padres de Eva (hablar) ......habla..... inglés y alemán.

II Verbos reflexivos

	LAVARSE		LAVARSE
Yo	**Me** lavo	Nosotros/as	**Nos** lavamos
Tú	**Te** lavas	Vosotros/as	**Os** laváis
Él / ella / usted	**Se** lava	Ellos/as, ustedes	**Se** lavan

¡¡ ATENCIÓN !!

Me lavo los dientes por las mañanas.
PERO
Los sábados **lavo** el coche.

Actividades escritas

1. ¿Qué hora es?

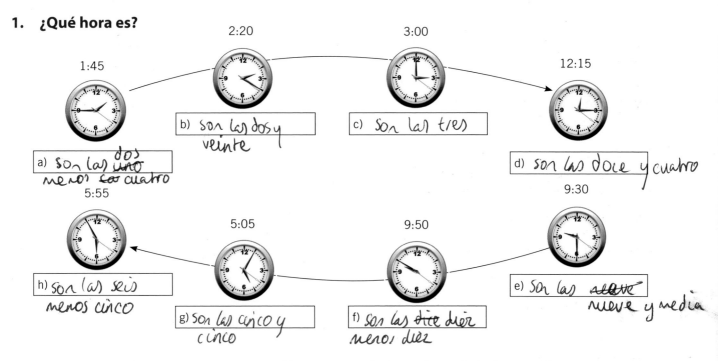

1:45

a) Son las ~~uno~~ dos menos ~~las~~ cuatro

2:20

b) Son las dos y veinte

3:00

c) Son las tres

12:15

d) Son las doce y cuatro

5:55

h) Son las seis menos cinco

5:05

g) Son las cinco y cinco

9:50

f) Son las ~~diez~~ diez menos diez

9:30

e) Son las ~~siete~~ nueve y media

2. ¿Qué tiempo hace en España? Escribe un párrafo basado en la información de este mapa

En Galicia hace viento y llueve, en Castilla y León hace frío y nieva, en Extremadura hace nieva y llueve, en Andalucía hace sol y está nublado, en Castilla la Mancha ~~hace~~ hay tormenta y está nublado y finalmente, en Valencia está nublado.

3. Mira la predicción meteorológica en la siguiente página web: (http://www.inm.es/web/infmet/predi/mapgen.html) y analiza un mapa del tiempo.

4. Describe el clima de tu ciudad en Navidad.

Actividades orales

1. ¿Qué tiempo hace? Completa la tabla con la información de tu compañero

Ejemplo: A: *"¿Qué tiempo hace en Santiago en primavera?"*
B: *"Está nublado"*

Estudiante A

	primavera	verano	otoño	invierno
Santiago	Sol	🌡️	viento	🌡️
Málaga			⛅	💨
Barcelona		☀️		❄️
Madrid	⛈️	💨		

Estudiante B

	primavera	verano	otoño	invierno
Santiago	⛅		☀️	
Málaga	⛈️	☀️		
Barcelona	⛅		🌧️	
Madrid		☀️		🌡️

2. ¿A qué hora...? Actividad en parejas, completa la tabla

Ejemplo: *"¿A qué hora desayuna la Sra., Jiménez?"*
"La Sra. Jiménez desayuna a las 6:20"

Estudiante A

El profesor Sánchez		La profesora Jiménez	
levantarse	8:30	levantarse	
coger el autobús para la universidad	9:15	coger el autobús para la universidad	
comer	12:50	comer	
terminar las clases	4:40	terminar las clases	
regresar a casa	5:05	regresar a casa	
cenar	7:35	cenar	

Estudiante B

El profesor Sánchez		La profesora Jiménez	
levantarse		levantarse	6:20
coger el autobús para la universidad		coger el autobús para la universidad	7:10
comer		comer	12:40
terminar las clases		terminar las clases	5:55
regresar a casa		regresar a casa	7:25
cenar		cenar	8:50

Nota cultural

BIENVENIDOS A LA SECCIÓN DE CULTURA ESPAÑOLA DE MI BLOG

¿QUÉ LES PIDES A LOS REYES MAGOS ESTE AÑO?
a) dinero
b) ropa
c) un buen trabajo
d) suerte en los estudios
e) paz en el mundo
f) un novio/a

¿QUÉ HACEN LOS NIÑOS ESPAÑOLES ESTOS DÍAS?

– Ven la Cabalgata de Reyes el día 5.
– Duermen muy nerviosos la noche del día 5.
– Juegan con los regalos el día 6.
– … y comen el Roscón de Reyes.

ARCHIVO DEL BLOG
▶ septiembre (3)
▶ octubre (3)
▶ noviembre (3)
▶ diciembre (3)
▼ ¡Feliz Navidad! (2)

29 DE DICIEMBRE

La leyenda de los Reyes Magos

En España los Reyes Magos son los personajes que traen regalos a los niños el día 6 de enero. Los niños dejan sus zapatos en la ventana o la puerta de la casa, así los Reyes pueden reconocer dónde viven. La noche anterior, muchas ciudades y pueblos españoles hacen una especie de desfile llamado "Cabalgata", que representa la llegada de los Reyes cargados de regalos.

Los Reyes Magos son una tradición típicamente española, y también existe en Latinoamérica. Los Reyes son tres, se llaman Melchor, Gaspar y Baltasar, y cada uno representa una de las tres razas principales que se conocían hace 2.000 años: europea, asiática y africana. Según la leyenda, los Reyes dejan sus países en el lejano Oriente para buscar al Niño Jesús. En su camino son guiados por una estrella divina, que los lleva exactamente a donde está el niño. Al llegar, adoran a Jesús y le ofrecen tres regalos simbólicos: oro (que representa su naturaleza de rey), incienso (que representa su naturaleza divina) y mirra (que simboliza la futura muerte de Cristo).

La tradición de los Reyes Magos es muy diferente de la de Papá Noel. Los Reyes vienen del lejano Oriente, en sus camellos, con asociaciones del desierto y de calor. Muy diferente de la tradición de Papá Noel, que viene del Polo Norte en sus renos, con asociaciones de nieve y de frío. Por cierto, ¿sabías que la ropa de Papá Noel fue diseñada por Coca-Cola para una campaña de publicidad de los años 30? Los colores rojo y blanco representan los colores emblemáticos de la bebida. Eso no pasa con los Reyes Magos...

PUBLICADO POR SONIA WALTON EN 08:29

2 COMENTARIOS
Lisa dijo...

Me encanta la tradición de los Reyes Magos. Lo malo es que el 6 de enero está al final de las vacaciones de Navidad, y los niños tienen poco tiempo para jugar con sus juguetes.
Olivier dijo...

También existe Papá Noel en España debido a la influencia europea y americana, ¿no? Muchos niños españoles reciben regalos el 25 de diciembre y el 6 de enero, ¡qué suerte!

PUBLICAR UN COMENTARIO EN LA ENTRADA

¿Verdadero o falso?

a) Los Reyes Magos son el equivalente a Papá Noel en la Navidad española.
b) Los Reyes Magos no están relacionados con la religión.
c) Los Reyes Magos son de nacionalidad española.
d) Los Reyes Magos y Papá Noel son tradiciones muy distintas.
e) Hay una conexión entre los Reyes Magos y Coca-Cola.

Vocabulario nuevo:
raza   personaje
camellos   guiados
zapatos   renos
desfile   ropa
cargados   al llegar
oro, incienso y mirra
campaña de publicidad

3. ¿Con qué frecuencia...? Pregunta a tu compañero qué hace en un día normal

Ejemplo: "¿Con qué frecuencia hablas con tus amigos?"
"Hablo con mis amigos dos veces por semana"

	todos los días	a menudo / X veces por semana	a veces / una vez por semana	nunca
(hablar) con tus amigos				
(pasear) por el centro				
(comprar) tabaco				
(escuchar) música				
(visitar) a tu familia				
(escribir) e-mails				
(beber) cerveza				
(limpiar) tu dormitorio				

4. La rutina del Sr. Solís y la Sra. Manzano. Trabaja en parejas. El estudiante A hace preguntas al estudiante B sobre la Sra. Manzano y B hace preguntas a A sobre el Sr. Solís. Rellena el recuadro.

Estudiante A

SR. SOLÍS	(hacer) deporte	(coger) el autobús	(beber) cerveza	(comer) en restaurantes	(charlar) con la camarera	(tomar) café	(ver) la televisión	(escuchar) la radio
todos los días								
a menudo								
a veces								
nunca								

El señor Solís vive en una casa enorme en las afueras de Oviedo. Oviedo es una ciudad pequeña en el norte de España. El señor Solís es muy deportista, y le gusta hacer deporte todos los días. Nunca coge el autobús, porque prefiere ir a pie hasta el trabajo. El señor Solís no bebe mucho, pero a veces sale con sus amigos y bebe una cerveza. A menudo come en un restaurante que hay al lado de su casa. Es un restaurante muy bueno, y le encanta la comida. La camarera es muy simpática, y muchas veces charlan después de comer. El señor Solís siempre termina sus comidas con un café, le encanta el café. Por las noches, a veces ve la televisión (cuando hay algún programa interesante), y a veces escucha la radio.

Estudiante B

SRA. MANZANO	(hacer) deporte	(coger) el autobús	(beber) cerveza	(comer) en restaurantes	(charlar) con la camarera	(tomar) café	(ver) la televisión	(escuchar) la radio
todos los días								
a menudo								
a veces								
nunca								

La señora Manzano tiene 49 años. ¡Es una mujer muy vaga! Le encanta dormir mucho, y nunca hace deporte. Trabaja como dependienta en una tienda que hay a diez minutos de su casa, pero siempre coge el bus para ir a trabajar. Le gusta beber alcohol, y a menudo toma varias cervezas con sus amigas. Le gusta cocinar y generalmente hace la comida en su casa, pero a veces come en restaurantes. Cuando está en un restaurante, la señora Manzano nunca habla con la camarera, porque es un poco maleducada. A veces toma café después de comer, y a veces toma té. Por las noches, siempre ve la televisión hasta muy tarde, y nunca escucha la radio.

Actividades auditivas

1. Practica las terminaciones verbales del presente

Verbo	Persona gramatical (yo, tú, él, nosotros, vosotros o ellos)	Significado en tu idioma
1. Tenemos	nosotros	to have ¿?
2. Hablas	tú	to speak
3. Comen	ellos/ellas/ustedes	to eat
4. vivo	yo	to live
5. Estudia	él/ella/usted	to study
6. Practican	ellos/ellas/ustedes	to practise
7. Escuchamos	nosotros/as	to listen to
8. Termináis	vosotros	to finish

2. ¿Qué hora es?

1. Son las diez y media
2. Son las cuatro menos cinco
3. Son las tres menos cuatro
4. Son las dos y media
5. Son las cinco y veinte

6. Son las ocho menos cinco
7. Son las nueve y veinte-cinco
8. Son las diez menos cuatro
9. Son las doce y diez
10. Es la una y cinco

3. ¿Qué diferencias encuentran estos estudiantes entre el clima de Santiago y el de otras regiones de España?

Vocabulario nuevo:
cambio   el paisaje
otra vez   además
por eso   insoportable

	Estudios	Clima de su región de origen	Diferencias con el clima de Santiago
Luis	medicina	Luis es de Canarias. siempre primavera	En verano hace calor. En otoño hace viento. En invierno hace frío. En primavera hace sol
Laura	empresariales	Laura es de Madrid. En verano hace mucha calor. En invierno hace frío	Santiago es menos calor y frío.
Roberto	alemana	Roberto es de Málaga. Málaga hace calor todo el año	Santiago es menos calor y en verano es muy frío

4. **Escucha esta conversación entre Sonia y Petra y contesta las preguntas**

a) ¿Por qué Santiago es un buen sitio para practicar español?

There are lots of othe

b) ¿Qué es lo mejor y lo peor de estudiar en Santiago?

_____

c) ¿Cómo es el clima en Alemania?

_____

d) ¿Cómo es el clima en Inglaterra?

_____

e) ¿Por qué deciden ir a tomar un café?

No, es muy frío

Vocabulario nuevo:

tener suerte   calefacción
tener razón   paraguas
¿verdad?

5. **¿Qué hacen Pablo e Isabel en Navidad?**

Vocabulario nuevo:

me encanta   reunirse
demasiado   juguetes
aburrido   temprano
dar un paseo

	Navidad	Nochevieja	6 de enero, Día de Reyes
Pablo			
Isabel			

Mis viajes

BIENVENIDOS A LA SECCIÓN DE MIS VIAJES POR CIUDADES Y PUEBLOS ESPAÑOLES

MADRID, CIUDAD CULTURAL:
MUSEOS PRINCIPALES DE
MADRID
Museo del Prado
Museo Thyssen-Bornemisza
Museo Reina Sofía

¿CUÁL ES TU DESEO PARA EL
AÑO NUEVO?

Mis deseos son...
– Visitar todas las ciudades
principales españolas
– Probar todos los vinos del
país
– ... y tener un novio
español (por motivos
estrictamente lingüísticos,
claro...;-)

ARCHIVO DEL BLOG
▶ septiembre (3)
▶ octubre (3)
▶ noviembre (3)
▶ diciembre (3)
▼ ¡Feliz Navidad! (3)

---

31 DE DICIEMBRE

Nochevieja en Madrid

Es Nochevieja, la última noche del año... ¡y estoy en Madrid! Es la primera vez que estoy aquí, y me encanta. Madrid, la capital de España, pero además es una ciudad con mucho interés turístico y cultural. Recibe aproximadamente 7 millones de turistas cada año, y es la cuarta ciudad más visitada de Europa. Lo mejor de Madrid, en mi opinión, es su maravillosa arquitectura, especialmente los edificios del casco viejo de la ciudad, y también el gran número de centros comerciales y tiendas exclusivas del centro. ¡Es una ciudad ideal para comprar los regalos de Navidad!

Estoy aquí con Rosa para celebrar la nochevieja, y es increíble, son casi las doce de la noche pero la calle está llena de gente. He aprovechado este rato para escribiros desde un cibercafé. Estamos en la Puerta del Sol, que es la plaza más céntrica de Madrid, y hay cientos de personas celebrando la tradición de las doce uvas. Esta tradición consiste en esperar a las doce de la noche de nochevieja: cuando el reloj da las campanadas, comes una uva por cada campanada. ¡Es muy difícil comer 12 uvas en 12 segundos! Después, pides un deseo para el año nuevo.

La Puerta del Sol es el mejor sitio para tomar las doce uvas: la plaza está llena de miles de personas que toman uvas y champán, cantando y celebrando el paso al año nuevo. Y después es tradicional salir toda la noche... ¡y desayunar chocolate con churros con los amigos por la mañana!

PUBLICADO POR SONIA WALTON EN 23:30
2 COMENTARIOS
Petra dijo...

¡¡¡¡Qué suerte celebrar el año viejo en Madrid!!!! Yo estoy aquí en Alemania, celebrando la Nochevieja con mi abuela... un plan un poco diferente, ¿no?

Sara dijo...

Me encanta la tradición de las doce uvas, los españoles siempre tienen muy buenas ideas para celebrar días especiales. En Gran Bretaña no hacemos nada especial en Nochevieja, ¡aparte de beber demasiado!

PUBLICAR UN COMENTARIO EN LA ENTRADA

Contesta estas preguntas

a) ¿Es Madrid una ciudad exclusivamente turística?

b) ¿Por qué es una buena ciudad para comprar regalos?

c) ¿Dónde está la Puerta del Sol?

d) ¿Cuándo se celebra la tradición de las doce uvas?

e) ¿Qué hace la gente en la Puerta del Sol?

Vocabulario nuevo:

me encanta	uvas
después	recibe
maravillosa	reloj
sitio	comprar
campanada	churros
esperar	
pides un deseo	

Lecturas

Las aventuras de Sonia

Vocabulario: Para comprar billetes

El Blog de Sonia

BIENVENIDOS A MI BLOG SOBRE MI AÑO DE ESTUDIOS EN ESPAÑA

8 DE ENERO

¿QUÉ ES LO MÁS IMPORTANTE EN UN MEDIO DE TRANSPORTE?

a) La rapidez
b) La comodidad
c) La flexibilidad
d) El impacto en el medio ambiente

COMPRA TU BILLETE DE TREN AQUÍ

http://www.renfe.es/

¡¡NO ME GUSTA CONDUCIR EN ESPAÑA!!

Los españoles son unos locos al volante...

ARCHIVO DEL BLOG

▶ septiembre (3)
▶ octubre (3)
▶ noviembre (3)
▶ diciembre (3)
▶ ¡Feliz Navidad! (3)
▼ enero (1)

Preparativos para mi viaje

La semana que viene voy a visitar a mi amiga Carla, que vive en Salamanca. Salamanca es una ciudad situada en el oeste de España; como Santiago, la historia de la ciudad está muy unida a su famosa universidad. Mi amiga Carla está haciendo un año de estudios Erasmus allí: tiene mucha suerte, porque es una de las mejores universidades de España. Tengo muchas ganas de ir, ¡todo el mundo dice que es una ciudad preciosa!

Para ir a Salamanca puedes coger un bus o un tren. También puedes alquilar un coche, pero a mí no me gusta conducir, así que siempre viajo en transporte público. Prefiero ir en tren: es más cómodo que el bus, aunque es un poco más caro. Puedes comprar el billete en la estación o por Internet. Yo acabo de comprarlo por internet: es muy rápido y no tienes que hacer cola, y puedes pagar con tarjeta.

El tren sale el miércoles a las 10 de la mañana y llega a Salamanca a las 3 de la tarde. Voy a quedar con Carla en la cafetería de la estación y después vamos a pasear por la ciudad para conocerla un poco. Pero no tenemos planes muy concretos. ¿Alguno de vosotros conoce Salamanca bien? ¿Qué me recomendáis?

PUBLICADO POR SONIA WALTON A LAS 13:35

3 COMENTARIOS

Rosa dijo...

Yo conozco Salamanca un poco. Lo mejor es pasear por el casco viejo y ver el ambiente que hay en la calle: es una ciudad con muchísimos estudiantes y gente joven.

Lisa dijo...

Sonia, tienes que ir a la Plaza Mayor y tomar un café en una terraza. También debes visitar la zona universitaria, porque los edificios son increíbles.

Olivier dijo...

Si tienes tiempo, puedes hacer una excursión por la zona del río Duero. Está en las afueras de Salamanca, a media hora en coche.

PUBLICAR UN COMENTARIO EN LA ENTRADA

Contesta estas preguntas

a) ¿Qué institución de Salamanca es muy conocida?
b) ¿Cómo puedes viajar a Salamanca?
c) ¿Qué desventaja tiene viajar en tren?
d) ¿Cuánto tiempo dura el viaje a Salamanca?
e) ¿Qué quiere saber Sonia?

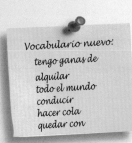

Vocabulario nuevo:
tengo ganas de
alquilar
todo el mundo
conducir
hacer cola
quedar con

1. Fíjate en este billete y descríbelo

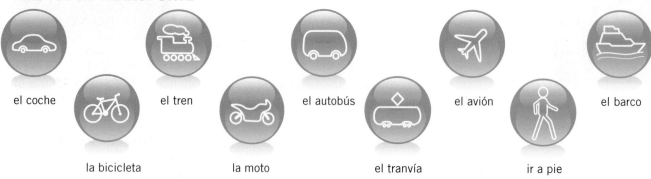

_____
_____
_____
_____
_____
_____

2. Actividad en internet. Entra en http://www.renfe.es/ y compra estos billetes:

	Llegada	Salida	Precio
Barcelona – Valencia (quieres llegar a Valencia antes de las 12:00)			
A Coruña - Vigo (quieres llegar a Vigo después de las 18:00)			
Alicante - Castellón (quieres llegar a Castellón sobre las 13:00)			

MEDIOS DE TRANSPORTE

el coche

la bicicleta

el tren

la moto

el autobús

el tranvía

el avión

ir a pie

el barco

"¿Cómo vas al trabajo?" "Voy en coche"

"¿Cómo vas a Inglaterra?" "Voy en avión"

ALOJAMIENTO EN SALAMANCA

3. ¿Cuál es el mejor tipo de alojamiento para estas personas y por qué?

a) Una mujer de negocios que viaja a Salamanca.
b) Un chico extranjero que está recorriendo España y no quiere gastar mucho dinero.
c) Un matrimonio mayor que quiere visitar a su hijo en Salamanca.

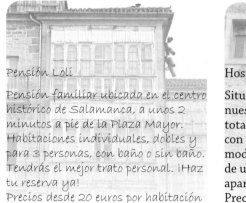

Pensión Loli

Pensión familiar ubicada en el centro histórico de Salamanca, a unos 2 minutos a pie de la Plaza Mayor. Habitaciones individuales, dobles y para 3 personas, con baño o sin baño. Tendrás el mejor trato personal. ¡Haz tu reserva ya!
Precios desde 20 euros por habitación individual.

Hostal Rey Alfonso

Situado a 10 minutos de la catedral, nuestro hostal ofrece habitaciones totalmente renovadas y equipadas con teléfono, calefacción y un baño moderno. Nuestro hostal dispone de una pequeña cafetería y de aparcamiento gratuito para sus clientes. Precio por habitación doble: 50 euros. Descuentos del 10% para los fines de semana.

Hotel Palacio del Duero

Hotel de lujo ubicado en las afueras de Salamanca, cerca de la carretera de Madrid. Nuestras habitaciones disponen de todas las comodidades y están pensadas para ofrecerle la mayor comodidad y el mejor servicio. Todas las habitaciones tienen minibar, secador y acceso a internet.
Precio por habitación doble: 135 €.

6

Gramática **El presente de indicativo**

I. Verbos con infinitivo

Acabar de + **infinitivo** (pasado reciente).
Ej.: *Acabo de recibir un e-mail de mi madre.*

Tener que + **infinitivo** (obligación)
Ej.: *Tengo que terminar el trabajo antes de las 10.*

Ir a + **infinitivo** (planes)
Ej.: *Voy a pasar la Navidad en Inglaterra.*

Hay que + **infinitivo**, (obligación, impersonal)
Ej.: *Hay que saber idiomas extranjeros*
para conseguir un buen trabajo.

II. Los pronombres

personales	directos	indirectos	preposicionales
Yo	me	me	mí
Tú	te	te	ti
Él/ella/usted	lo / la	le / se	él/ella/usted
nosotros/as	nos	nos	nosotros
vosotros/as	os	os	vosotros
Ellos/as, ustedes	los	les / se	ellos/as, ustedes

¡¡ FIJATE !!

Dos posibilidades para los infinitivos y gerundios:

Voy a comprar un regalo *para Sandra* = a) Voy a comprar*le* un regalo / b) *Le* voy a comprar un regalo

El perro está comiendo *un hueso* = El perro está comiéndo*lo* / El perro *lo* está comiendo.

Los **pronombres preposicionales** aparecen siempre detrás de las preposiciones:

Se sentó delante de *mí.*

Excepción: *conmigo* (no *con mí) y *contigo* (no *con ti)

Posición habitual:

Carlos vio *a tu hermano* por la calle = *Lo* vio por la calle

Con imperativos:

¡Da el billete *a Marcos*!
= ¡Da*le* el billete!

1. Transforma estas frases con pronombres objeto directo

a) Carlos cuenta *la historia* a su padre. _____

b) Compramos *esta casa* porque nos gusta mucho. _____

c) La camarera trae *unas cervezas* a la mesa. _____

d) Lavas *el coche* por las mañanas. _____

e) "Luís, ¡abre *la puerta*!" _____

f) El panadero hace *muchas barras de pan*. _____

g) El dependiente va a contar *nuestro dinero*. _____

h) Voy a ver a tu hermano esta tarde. _____

Actividades escritas

1. Fíjate en este párrafo y escribe unas frases parecidas con los otros ejemplos

Para ser jugador de baloncesto profesional **hay que** ser muy alto. **Tienes que** entrenar todos los días, porque **hay que** estar en buena forma física. Tienes que viajar mucho, para poder jugar en otras ciudades. **Hay que** seguir una dieta equilibrada y llevar una vida sana en general.

- Para ser profesor de idiomas...

  _____

  _____

- Para ser modelo ...

  _____

  _____

  _____

2. Escribe un e-mail al Hostal Rey Alfonso. Quieres reservar:

Habitación doble	llegada 12 de noviembre	vistas a la Plaza Mayor
salida 15 de noviembre	desayuno	necesitas aparcamiento

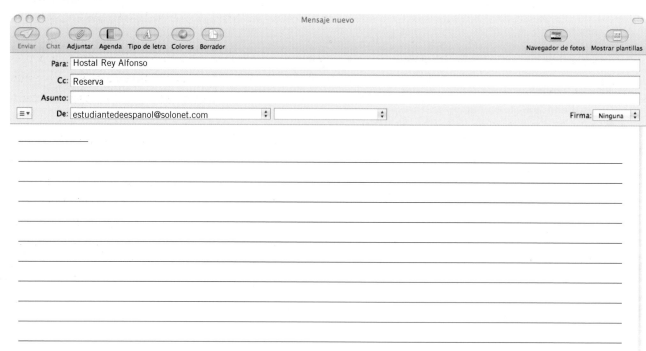

3. Proyecto en grupo. Haced un folleto turístico sobre la ciudad donde vivís, con la siguiente información

- Descripción general
- Situación geográfica
- Cosas que hacer
- Gastronomía típica
- Transporte

Nota cultural

BIENVENIDOS A LA SECCIÓN DE CULTURA ESPAÑOLA DE MI BLOG

¿CUÁL ES TU DESTINO
TURÍSTICO IDEAL?

a) Una ciudad moderna y
vibrante.
b) Una región de
importancia histórica.
c) Un parque natural
d) Una zona de playa

LO MÁS IMPORTANTE DEL
VIAJE ES...

▶ Los museos y
actividades culturales
▶ El paisaje de la región
▶ Conocer a gente de la
zona
▶ La gastronomía local
▶ ¡La piscina del hotel!

ARCHIVO DEL BLOG

▶ septiembre (3)
▶ octubre (3)
▶ noviembre (3)
▶ diciembre (3)
▶ ¡Feliz Navidad! (3)
▼ enero (2)

12 DE ENERO

El turismo en España

¡Hay tantas cosas que ver en España! Este país tiene una cultura increíble, por eso atrae a tantos turistas. El turismo es una actividad económica de importancia fundamental para España. Es el segundo país del mundo que recibe más turistas: todos los años llegan más de 54 millones de extranjeros a España, atraídos por su buen clima y las excelentes playas de las zonas costeras.

El turismo trae mucho dinero al país y da trabajo a muchas personas, pero también ocasiona problemas importantes. Uno de los más serios es la concentración de turistas en zonas geográficas muy específicas, como la costa mediterránea, y en unos momentos determinados del año. Por ejemplo, durante los meses de verano la población de muchos pueblos costeros aumenta hasta un punto casi insostenible. Esto genera un serio impacto en el medio ambiente.

Para solucionar esta situación, yo creo que es importante diversificar el turismo español. Hay zonas preciosas en el norte y en el interior del país, pero su potencial turístico no está explotado. También sería interesante fomentar tipos de vacaciones que no se centren en torno al sol y las playas. El sol y la playa están muy bien, pero hay muchísimas otras cosas interesantes. En mi opinión, el turismo histórico, deportivo, gastronómico, etc., son buenas alternativas al turismo de masas actual, y son mucho más respetuosas con el medio ambiente.

PUBLICADO POR SONIA WATSON A LAS 13:30

2 COMENTARIOS

Lisa dijo...

Es verdad que el turismo de masas es insostenible. Acabo de visitar Benidorm: edificios enormes cerca del mar, miles y miles de turistas... ¡ese tipo de turismo no es el mejor para conocer España!

Petra dijo...

Yo no entiendo por qué el interior de España está tan poco explotado para el turismo, porque esa zona tiene muchas cosas que ofrecer.

PUBLICAR UN COMENTARIO EN LA ENTRADA

Contesta estas preguntas

a) ¿Qué ventajas tiene el turismo para España?
b) ¿Cuál es su principal inconveniente?
c) ¿Por qué es importante diversificar la oferta turística?
d) ¿Qué ventajas tiene, por ejemplo, el turismo histórico frente al turismo masivo?

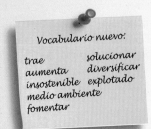

Vocabulario nuevo:

trae   solucionar
aumenta   diversificar
insostenible explotado
medio ambiente
fomentar

Actividades orales

1. ¿Qué planes tienes? Utiliza *ir a* + infinitivo, y *tener que* + infinitivo

Ej.: *"¿Qué vas a hacer el lunes?" "Tengo que estudiar para el examen"/ "Voy a salir con mi novio"*

	Tú	Tú compañero
Mañana		
El fin de semana		
Al final del curso		
Esta tarde		
Las próximas vacaciones		

2. Los regalos de cumpleaños (uso de pronombres)

A Paco le encanta viajar y usar juegos electrónicos.

A María le gusta la música y la ropa.

A Toni le gusta ver la televisión y hacer deporte con sus amigos. También le encantan los dulces.

Posibles regalos: discute con tu compañero.

Ej.: *"¿Qué le regalamos a Paco?" "¿Qué te parece si le regalamos un libro?, porque le gusta leer"*

3. Reservar habitaciones

Estudiante A | **Turista**

Habitación individual
Llegada 2 de noviembre – salida 4 de noviembre
Con cuarto de baño
Cerca del centro
Puedes pagar un máximo de 45 euros/noche

Estudiante B | **Empleado de oficina de turismo**

Tienes dos opciones para el estudiante A

OPCIÓN 1

Pensión Manuela
Habitación individual sin baño
Muy céntrico: al lado del ayuntamiento
Precio: 40 euros/noche, desayuno incluido

OPCIÓN 2

Hotel La Ronda
Habitación individual con baño
A 5 minutos a pie del centro
Desayuno no incluido
Precio: 48 euros/noche

4. Comprando billetes de tren: actividad oral en dos partes

Estudiante A

Primera parte: Viajero.

Quieres viajar a varias ciudades españolas. Compra los billetes.

→ *billete de ida*   ←→ *billete de ida y vuelta*

a) Málaga: → 2ª clase, 17 de agosto
b) Jaén: ←→ 2ª clase, mañana
c) Córdoba: ←→ 2ª clase, el domingo
d) Sevilla: → 1ª clase, 31 de julio
e) Almería: → 1ª clase, el lunes que viene

Segunda parte: empleado de la estación de tren

	Tarifas de ida		Tarifas de ida y vuelta	
	1ª clase	Clase turista	1ª clase	Clase turista
Santander	40,05	31,90	60,70	47,55
Bilbao	15,60	10,15	29,50	21,34
San Sebastián	25,95	18,90	55,05	44,70
Vitoria	30,66	21,23	55,12	48, 11
Pamplona	33,40	25,80	52,23	45,90

Estudiante B

Primera parte: Empleado de la estación de tren

	Tarifas de ida		Tarifas de ida y vuelta	
	1ª clase	Clase turista	1ª clase	Clase turista
Sevilla	14,75	11,25	27,50	22,50
Córdoba	12,70	10,35	24,12	20,68
Jaén	25,90	19,94	50,90	38,54
Almería	7,25	5,50	14,13	11,85
Málaga	16,55	13,39	32,80	26,66

Segunda parte: viajero

Quieres viajar a varias ciudades españolas. Compra los billetes.

→ billete de ida   ←→ billete de ida y vuelta

Bilbao: ←→ clase turista, el jueves que viene
Santander: → clase turista, 3 de junio
Vitoria: → 1ª clase, mañana
San Sebastián: ←→ clase turista, hoy por la noche
Pamplona: → 1ª, 20 de mayo

→ **billete de ida**   ←→ **billete de ida y vuelta**

Actividades auditivas

Pista 23

1. ¿Qué van a hacer estos chicos?

	Pregunta	¿Sí/No?	¿Por qué?
Nuria			
Tomás			
Sandra			
Ernesto			

Pista 24

2. En la estación de autobuses. Escucha estos avisos, ¿qué información tienes sobre estos autobuses?

Bilbao: _____

La Coruña: _____

Salamanca: _____

Sevilla: _____

Pista 25

3. Escucha y completa el recuadro

	Primer diálogo	Segundo diálogo
Ciudad de destino		
Día / hora de la salida		
Tipo de billete		
Precio y forma de pago		

Pista 26

4. Alojamiento para las vacaciones. Escucha estos diálogos y completa el recuadro

	Pensión Raquel	Hostal Manzanares	Hotel Libunca
Fecha que se quiere reservar			
Tipo de habitación disponible			
Precio de la habitación			
¿Está el desayuno incluido?			
Método de pago			

66

Mis viajes

BIENVENIDOS A LA SECCIÓN DE MIS VIAJES POR CIUDADES Y PUEBLOS ESPAÑOLES

LISTA DE UNIVERSIDADES MÁS ANTIGUAS DEL MUNDO

- Universidad de Hunan, China (976)
- Universidad de Al-Azhar, Egipto (988)
- Universidad de Bolonia, Italia (1088)
- Universidad de Oxford, Gran Bretaña (1096)
- Universidad de París, Francia (1150)
- Universidad de Módena, Italia (1175)
- Universidad de Salamanca, España (1218)

QUÉ HACER EN SALAMANCA...

Esperar a los amigos bajo el reloj de la Plaza Mayor
Tomar café en la plaza de la Facultad de Filología
Comer tapas en la calle Van Diek
Explorar los miles de bares del casco viejo
¿Más ideas?

ARCHIVO DEL BLOG

- ▶ septiembre (3)
- ▶ octubre (3)
- ▶ noviembre (3)
- ▶ diciembre (3)
- ▶ ¡Feliz Navidad! (3)
- ▼ enero (3)

15 DE ENERO

Mi viaje a Salamanca

¡Ya estoy en Salamanca! Mis primeras impresiones son fantásticas: mucha gente, muchos edificios antiguos y muchos estudiantes por las calles. Ahora mismo estoy sentada con Carla, tomando un café en la Plaza Mayor (¡gracias por el consejo, Lisa!). Por la noche vamos a cenar en un mesón de comida típica de la región, y después vamos a salir de copas con unos amigos de Carla.

Acabo de ver el casco viejo, que es impresionante. ¿Sabéis que Salamanca tiene dos catedrales? ¿Y que la universidad es una de las más antiguas de Europa? ¡Es del año 1218! El edificio principal de la universidad es uno de los atractivos principales de la ciudad. Es de piedra, y la fachada es muy ornamental, decorada con muchas figuras pequeñas. Una de esas figuras es una rana, y una tradición muy extendida entre los nuevos estudiantes en Salamanca es buscar la rana entre todas las figuras. ¡No es fácil! Los estudiantes que encuentran la rana tienen buena suerte en los estudios; si no la encuentran... ¡suspenden!

La ciudad está llena de referencias históricas. Por ejemplo, mañana vamos a ver la Casa de las Conchas: es una antigua casa aristocrática muy conocida en Salamanca. En la fachada hay 300 conchas de piedra, el mismo tipo de concha que simboliza Santiago de Compostela. Qué curioso, ¿no? Aquí tengo una foto: http://www.salamanca.es/

PUBLICADO POR SONIA WATSON A LAS 14:55

2 COMENTARIOS

Olivier dijo...
Me encanta la historia de la rana. ¡Pero necesitas prismáticos para verla!
Petra dijo...
¡Qué ciudad tan bonita! Las ciudades universitarias españolas tienen un encanto especial, ¿verdad?

PUBLICAR UN COMENTARIO EN LA ENTRADA

Contesta estas preguntas

a) ¿Qué hace Sonia en estos momentos?

b) ¿Qué planes tiene para la noche?

c) ¿Por qué es famosa la Universidad de Salamanca?

d) ¿Qué tipo de personas buscan la rana en la fachada de la Universidad de Salamanca?

e) Nombra otro edificio importante de Salamanca.

Vocabulario nuevo:
sentada   piedra
consejo   fachada
mesón   rana
suspenden concha
salir de copas

Lecturas

Las aventuras de Sonia

Vocabulario: La comida

El desayuno	El almuerzo/comida	La cena
el café	la carne	la sopa
la leche	el pescado	el bocadillo
los cereales	el pollo	el jamón
la mantequilla	las verduras	el queso
la mermelada	las patatas	el huevo
la tostada	la ensalada	el tomate
el pan	el arroz	la manzana
las galletas	la pasta	la naranja
la fruta	el postre	el helado
…	…	…

¿Cuál es tu comida favorita?

Me gusta mucho el pollo.

No me gustan nada los dulces. Es raro, ¿verdad?

Soy vegetariano, y nunca como carne o pescado.

Me encantan las verduras.

El Blog de Sonia

BIENVENIDOS A MI BLOG SOBRE MI AÑO DE ESTUDIOS EN ESPAÑA

UN DÍA PERFECTO EN ESPAÑA

Desayuno: café con leche y magdalenas
Almuerzo: tortilla de patata
Merienda: chocolate con churros (immmm....!)
Cena: jamón serrano con queso manchego

PARA COMER, LO MEJOR ES...

a) Un restaurante caro y exótico
b) Un mesón con comida tradicional
c) Un picnic en el campo
d) La comida de mi madre

ARCHIVO DEL BLOG

▶ octubre (3)
▶ noviembre (3)
▶ diciembre (3)
▶ ¡Feliz Navidad! (3)
▶ enero (3)
▼ febrero (1)

1 DE FEBRERO

Diferencias entre España y mi país

Después de cinco meses en Santiago, creo que ya estoy adaptada a la forma de vida española. Pero hay muchas costumbres sorprendentes en este país. Por ejemplo, el horario de comidas es muy diferente del horario inglés. Aquí, la gente desayuna más o menos a la misma hora que en Inglaterra, pero toman cosas más ligeras. Entre las dos y las tres de la tarde los españoles hacen el almuerzo, que es la comida más fuerte del día: normalmente toman dos platos y postre. Pero en Inglaterra, normalmente el almuerzo es mucho antes, a eso de las doce, y tomamos sólo un bocadillo o una sopa. Para los ingleses la cena es la comida fuerte del día, que es a las seis o siete de la tarde. Pero los españoles no cenan hasta las nueve o más tarde, y comen algo ligero, porque después se acuestan pronto. ¡Es todo muy diferente!

Los horarios de las tiendas se adaptan a los horarios de las comidas. Por eso, en España hay muchos comercios que cierran entre las dos y las cinco de la tarde, que es la hora de comer. Por la tarde abren otra vez, entre las cinco y las ocho. Pero en Inglaterra, las tiendas tienen un horario continuo entre las diez y las cinco y media de la tarde, más o menos. Lo bueno del horario español es que puedes ir de compras hasta muy tarde. Lo malo es que a la hora de comer casi todas las tiendas están cerradas, excepto en las grandes ciudades como Madrid o Barcelona.

PUBLICADO POR SONIA WALTON A LAS 16:44

2 COMENTARIOS
Petra dijo...

Yo no puedo cenar después de las 9, la comida me sienta fatal: este país es terrible para la digestión...
Sara dijo...
Otra cosa que me sorprende es que los españoles comen mucho, ¿no? Los platos son enormes, no sé cómo están tan delgados.

PUBLICAR UN COMENTARIO EN LA ENTRADA

¿Verdadero o falso?

a) A Sonia le sorprende el horario de comidas en España.
b) El almuerzo es la comida más fuerte del día en Inglaterra.
c) En España, en general la cena no es muy fuerte.
d) En Inglaterra, las tiendas no cierran a la hora de comer.
e) El horario de tiendas en España no tiene ninguna ventaja

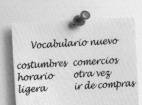

Vocabulario nuevo

costumbres   comercios
horario   otra vez
ligera   ir de compras

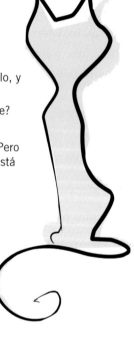

1.   ¿Qué diferencias observa Sonia entre Inglaterra y España?

	Inglaterra	España
Desayuno		
Comida / almuerzo		
Cena		
Tiendas		

Lee este diálogo

COMIDA EN "EL GATO FLACO"

Camarero: Buenas tardes, ¿qué van a tomar?

Rosa: Para mí, de primero la sopa y de segundo el pescado frito.

Camarero: Muy bien. ¿Y para usted, señorita?

Sara: Para mí, de primero el arroz con pollo, y de segundo la pasta.

Camarero: Perfecto. ¿Qué van a tomar de postre?

Rosa: Dos tartas de chocolate, por favor.

Camarero: Lo siento, no nos queda más tarta. Pero les recomiendo el helado de fresa, está muy rico.

Sara: Vale, pues entonces dos helados.

Camarero: ¿Y qué van a beber?

Rosa: Para mí un agua mineral sin gas.

Sara: Para mí, una cerveza.

Una hora más tarde...

Sara: Camarero, la cuenta, por favor.

Camarero: Aquí tienen. Son dos menús del día, más dos cafés con leche. En total, son 33 euros.

Rosa: ¿Se puede pagar con tarjeta?

Camarero: Sí, cómo no.

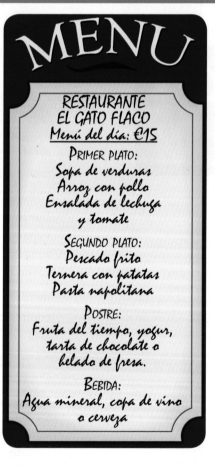

MENU

RESTAURANTE
EL GATO FLACO
Menú del día: €15

PRIMER PLATO:
Sopa de verduras
Arroz con pollo
Ensalada de lechuga
y tomate

SEGUNDO PLATO:
Pescado frito
Ternera con patatas
Pasta napolitana

POSTRE:
Fruta del tiempo, yogur,
tarta de chocolate o
helado de fresa.

BEBIDA:
Agua mineral, copa de vino
o cerveza

2.   ¿En qué tiendas puedes comprar...?

un kilo de naranjas - una barra de pan - un pollo - una lechuga - una tarta de chocolate - un kilo de filetes de ternera - dos kilos de sardinas - una caja de aspirinas - unos bombones - un kilo de calamares - productos cosméticos antialérgicos

panadería	frutería	carnicería	pescadería	pastelería	farmacia

Gramática

I. Verbos con cambio vocálico

	U > UE JUGAR	O > UE PODER	E > IE PREFERIR	E > I PEDIR
Yo	JUEGO	PUEDO	PREFIERO	PIDO
Tú	JUEGAS	PUEDES	PREFIERES	PIDES
Él / ella / usted	JUEGA	PUEDE	PREFIERE	PIDE
Nosotros / as	JUGAMOS	PODEMOS	PREFERIMOS	PEDIMOS
Vosotros / as	JUGÁIS	PODÉIS	PREFERÍS	PEDÍS
Ellos/as – ustedes	JUEGAN	PUEDEN	PREFIEREN	PIDEN

1. Rellena los espacios en blanco con la forma correcta del verbo

a. Inma *(empezar)* .... sus clases a las 9 de la mañana.

b. Mi hermano *(dormir)* .... 10 horas al día.

c. Normalmente, yo *(volver)* .... a casa de mis padres los fines de semana.

d. Mis amigos *(jugar)* .... al fútbol por las tardes.

e. Nosotros *(preferir)* .... el agua a la cerveza.

f. Rubén *(tener)* .... un coche alemán.

g. El profesor *(pedir)* .... a los alumnos los ejercicios.

h. Tú sólo *(decir: e>i)* .... tonterías.

i. Los clientes *(poder)* .... pagar con tarjeta de crédito.

j. Vosotros *(querer: e>ie)* .... mucho dinero.

II. Verbos irregulares

	SER	ESTAR	IR	PONER	HACER	TRAER	SALIR	TENER
Yo	SOY	ESTOY	VOY	PONGO	HAGO	TRAIGO	SALGO	TENGO
Tú	ERES	ESTÁS	VAS	PONES	HACES	TRAES	SALES	TIENES
Él/ella/usted	ES	ESTÁ	VA	PONE	HACE	TRAE	SALE	TIENE
Nosotros/as	SOMOS	ESTAMOS	VAMOS	PONEMOS	HACEMOS	TRAEMOS	SALIMOS	TENEMOS
Vosotros/as	SOIS	ESTÁIS	VAIS	PONÉIS	HACÉIS	TRAÉIS	SALÍS	TENÉIS
Ellos/as/ustedes	SON	ESTÁN	VAN	PONEN	HACEN	TRAEN	SALEN	TIENEN

2. Escribe la forma correcta de estos verbos en los espacios en blanco

a) *(Yo/hacer)* .... un viaje por Galicia.

b) Yo *(poner)* .... la planta en la ventana.

c) Tú *(salir)* .... a las dos de la tarde.

d) ¿Cuántos hermanos *(vosotros/tener)* ....?

e) Mi novio *(ir)* .... a Bilbao en invierno.

f) *(Yo/traer)* .... los cafés ahora.

g) Ustedes *(hacer)* .... demasiado ruido.

h) Vosotros *(ser)* .... peluqueros, pero nosotros *(ser)* .... médicos.

i) El avión *(salir)* .... por la mañana.

Actividades escritas

1. Escribe una pequeña historia sobre la vida diaria de Roberto basándote en estas viñetas

| 6:50 | 7:00 | 7:15 | 7:30 | 7:45 | 9:00 |

| 13:45 | 15:40 | 19:15 | 20:45 | 22:10 | 23:45 |

....
....
....
....
....

2. La vida de la profesora. Escribe un párrafo explicando las actividades semanales de tu profesora

	lunes		jueves
mañana	limpiar casa	mañana	dar clases en la academia
tarde	ir al gimnasio	tarde	clases en la academia
noche	cena con padres	noche	estudiar en casa
	martes		viernes
mañana	dar clases en la academia	mañana	clases en la academia
tarde	dar clases en la academia	tarde	comprar comida en supermercado
noche	jugar al tenis	noche	hacer la cena para amigas
	miércoles		fin de semana
mañana	estudiar en la biblioteca	mañana	levantarse tarde
tarde	dormir la siesta	tarde	trabajar en tienda
noche	ir al cine con amigas	noche	acostarse tarde

....
....
....
....
....
....
....
....
....
....
....
....
....
....

3. Actividad de internet. Busca información sobre la gastronomía española. Escribe una redacción con la siguiente información

— alimentos principales

— importancia de la cocina regional

— dieta mediterránea

Nota cultural

BIENVENIDOS A LA SECCIÓN DE CULTURA ESPAÑOLA DE MI BLOG

MIS TAPAS FAVORITAS

- aceitunas con anchoas
- patatas fritas
- cacahuetes
- ensaladilla rusa

¿CÓMO SE HACE UNA TORTILLA DE PATATA?

¡Es muy fácil! Los ingredientes son:
- huevos
- patatas
- cebolla y ajo (si te gustan)
- aceite
- un poquito de sal
Tienes las instrucciones aquí:
http://www.youtube.com/watch?v=RsIDWHvIoGc

ARCHIVO DEL BLOG

▶ octubre (3)
▶ noviembre (3)
▶ diciembre (3)
▶ ¡Feliz Navidad! (3)
▶ enero (3)
▼ febrero (2)

12 DE FEBRERO

Las tapas

Las tapas son una costumbre gastronómica típicamente española, y famosa en el resto del mundo. Consisten en pequeñas porciones de comida que se sirven con las bebidas: normalmente son gratis, pero no siempre. A mí me gustan mucho las tapas, porque son una manera estupenda de probar varios platos diferentes al mismo tiempo. Una cosa típica que hacen muchos españoles cuando salen de noche es tomar varias tapas con sus cervezas, ¡y ya no necesitan cenar!

¿Sabéis el origen de las tapas? Son muy antiguas, del siglo XIII. En una ocasión, el rey Alfonso X se encuentra en un mesón de la costa de Andalucía, esperando su copa de vino. En ese momento se levanta viento, y el camarero usa una loncha de jamón para "tapar" el vino y protegerlo de la arena que hay en el aire. Al rey le gusta la idea: bebe el vino, come el jamón y después pide "otra copa de vino, con otra tapa igual". ¡Y así nacen las tapas!

En la actualidad existe una enorme variedad de tapas: además del jamón, chorizo o queso, son típicas las aceitunas en todas sus variedades, los frutos secos, y comidas más elaboradas servidas en porciones pequeñas. Si las porciones son grandes, entonces se llaman "raciones". Las tapas varían mucho de región a región, reflejando las tradiciones gastronómicas de las distintas partes de España. ¡Voy a comer algo, ahora tengo hambre!

PUBLICADO POR SONIA WALTON A LAS 09:55

2 COMENTARIOS

Sara dijo...

A mí también me encantan las tapas, es verdad que muchas veces yo sólo ceno tapas, ¡es más que suficiente!

Olivier dijo...

Lo mejor de las tapas es que es una manera muy sociable de comer, porque compartes la comida con los amigos, y todos comen del mismo plato.

PUBLICAR UN COMENTARIO EN LA ENTRADA

¿Verdadero o falso?

a) Normalmente no se paga dinero por las tapas.
b) Los mesoneros del siglo XIII usaban las tapas para proteger el vino de los insectos.
c) Hay muchos tipos diferentes de tapas.
d) Las raciones son lo mismo que las *tapas*.
e) Las tapas son muy similares en toda España.

Vocabulario nuevo:

porción   esperar
pide   se sirven
loncha   nacen
gratis   tapear
variedad   mesón
arena

Actividades orales

1. ¿Te gusta...? Responde con estas expresiones: *(no) me gusta(n), me encanta(n), no soport, ¡qué rico!, ¡qué asco!*

Ejemplo: *"¿Te gusta el pescado?" " Sí, me encanta el pescado. Mmmmm, ¡qué rico!"*

| las sardinas | el arroz | la pasta | las verduras | el café |

| el pollo | la carne | los dulces | las manzanas | el pan |

2. La semana y el fin de semana. ¿Es normal hacer cosas diferentes? Pregúntale a tu compañero

	de lunes a viernes	los fines de semana
¿cuántas horas (dormir) al día?		
¿a qué hora (despertarse)?		
¿qué (cenar)?		
¿(hacer) deporte?		
¿(salir) de noche?		
¿cuántas horas (ver) la televisión por semana?		
¿cuántas veces (ir) de compras?		
¿a qué hora (acostarse)?		

3. En parejas: diálogo en el restaurante

Estudiante A

Eres el camarero

No hay gazpacho ni arroz

Se puede pagar con tarjeta

RESTAURANTE LA GIRALDA

Menú del día: €13

PRIMER PLATO
Ensalada de la casa
Gazpacho
Tortilla de patatas

SEGUNDO PLATO
Pollo frito con patatas
Sardinas asadas
Arroz con verduras

POSTRE
Tarta de queso, yogur, fruta fresca o café

BEBIDA
Agua mineral, refresco o cerveza

Estudiante B

Eres vegetariano y alérgico al huevo

No bebes alcohol

Quieres pagar con tarjeta

4. ¿Una vida sana? Averigua las costumbres de tu compañero

		Tu compañero
¿comida?		
¿alcohol?		
¿fumar?		
¿hacer deporte?		
¿estrés?		

¿Lleva tu compañero una vida sana? ¿Por qué?

5. ¡Eres un mentiroso!

Estudiante A

Eres una madre muy estricta. Tu hijo está estudiando en el extranjero y quieres saber qué hace un día normal. Pregúntale:

- ¿(ir) a clases todos los días?
- ¿(estudiar) para tus asignaturas?
- ¿cómo (ser) tus amigos?
- ¿(tener) novio/a?

- ¿(salir) mucho de noche?
- ¿(levantarse) a una hora adecuada?
- ¿(tener) una dieta equilibrada?
- ¿qué (hacer) los fines de semana?

Tú no crees a tu hijo y contratas a un detective privado. **Contrasta la información de tu hijo con la información del detective privado**, ¿qué diferencias encuentras?:

Estimada señora Márquez:

Esta es la vida que lleva su hijo en el extranjero. Normalmente va a la facultad todos los días. Pero no va a clase: suele quedarse en la cafetería con otros compañeros. Va a la biblioteca tres veces por semana, pero se dedica a jugar con el ordenador y no a estudiar. Sus amigos no son recomendables: tienen un aspecto sucio y descuidado, fuman mucho (no siempre tabaco) y beben en exceso.

Su hijo no tiene novia estable, sino una serie de "amigas" que visitan su piso varias veces por semana a partir de la una de la mañana. Esos días se levanta a partir del mediodía. Los fines de semana duerme doce horas al día, y el resto del tiempo está en la discotecas o bares, bebiendo y fumando.

Un saludo:

D. Juan Hurtado (detective privado)

Estudiante B

Llevas una vida un poco loca como estudiante. Tu padre/madre te hace unas preguntas, pero tú no quieres decir la verdad en todo... Esta es la versión que das a tu madre/padre:

Vas a clase todos los días. Estudias por lo menos tres horas al día en la biblioteca de la facultad. Tus amigos son todos estudiantes y son chicos muy responsables y trabajadores. No tienes novia, porque quieres concentrarte en tus estudios.

Sales una vez a la semana, a cenar o al cine, pero nunca vuelves a casa más tarde de la una de la mañana. Normalmente te levantas a las nueve o diez al día siguiente. Los fines de semana vas a teatros o a museos para aprender sobre la cultura del país. Por cierto, necesitas más dinero porque este país es tan caro...

Actividades auditivas

1. Identifica estas formas verbales y tradúcelas en tu idioma

Verbo	Persona gramatical (*yo, tú, él, nosotros, vosotros* o *ellos*)	Significado en tu idioma
a. Voy	yo	¿?
b.		
c.		
d.		
e.		
f.		
g.		
h.		

2. ¿Me pone un kilo de …? Escucha estas conversaciones y contesta estas preguntas

a) ¿Qué compran estas dos personas? _____

b) ¿Cuánto pagan en total? _____

c) ¿Cómo pagan por sus compras? ¿Por qué? _____

3. En el restaurante. Escucha esta conversación y rellena la tabla

	hombre	mujer
primer plato		
segundo plato		
bebida		
precio y forma de pago		

4. Escucha con atención. ¿Qué hacen estas personas…?

	Sandra	Sergio	Beatriz
07:00			
07:30			
10:30			
14:00			

Vocabulario nuevo:
periodista ama de casa
afueras juntos
tardar limpiar
tienda dar un paseo

5. La rutina diaria de Lola. ¿Qué errores encuentras entre la grabación y estas notas sobre la rutina de Lola?

La rutina de Lola

	V	F		V	F
Se levanta a las 6.			El menú del día cuesta 12 euros.		
Nunca desayuna.			El menú del día consiste en dos platos y postre		
Sale de casa a las 8.			Nunca ve la televisión		
Las clases terminan a las 2.			Se acuesta a las once y media		
Come con sus amigos.			Los miércoles sale de noche hasta muy tarde		

Vocabulario nuevo:
vestirse (e > i)
empezar (e>ie)
acostarse (o>ue)
un rato

76

Mis viajes

BIENVENIDOS A LA SECCIÓN DE MIS VIAJES POR CIUDADES Y PUEBLOS ESPAÑOLES

FAMOSOS NACIDOS EN EL
PAÍS VASCO

Karlos Arguiñano
Es el cocinero más famoso
de España. Puedes ver sus
vídeos en YouTube:

ACTIVIDAD DE
INVESTIGACIÓN: ¿QUÉ ES Y
DÓNDE ESTÁ...?

▸ El museo Guggeinhem
▸ El Peine de los Vientos
▸ El parque Aiete
▸ El puente colgante

INGREDIENTES DE UN
PINTXO DE SALMÓN

- una rebanada de pan
- un poco de crema de queso
- una loncha de salmón
  ahumado
- unas gotas de limón

ARCHIVO DEL BLOG

   ▸ octubre (3)
   ▸ noviembre (3)
   ▸ diciembre (3)
   ▸ ¡Feliz Navidad! (3)
   ▸ enero (3)
   ▼ febrero (3)

14 DE FEBRERO

Mi viaje a San Sebastián

Como todos sabéis, me encanta la comida española.
Mucha gente piensa que la mejor comida española
está en el País Vasco; por eso, hoy, día de los enamo-
rados (San Valentín), estoy en San Sebastián, que es
la capital de la región. El País Vasco tiene algunos de
los mejores restaurantes del país, y quiero probar algunos platos típicos. Por ejemplo, los pintxos: son un
tipo de tapa especial que consiste en una rebanada de
pan y una pequeña ración de comida encima. ¡Están
muy ricos!

Pero hay muchas cosas interesantes en el País Vasco aparte de su deliciosa gastronomía. Igual que Cataluña y Galicia, el País Vasco tiene un idioma propio: el euskera. Lo curioso es que es muy diferente del español; ¡es imposible entenderlo! Es uno
de los idiomas más antiguos de Europa.

Mis planes para estos días son: primero, ver la ciudad, especialmente el Palacio Real
de Miramar y la catedral. Después, ir a la playa de la Concha, que está en el centro de
San Sebastián y tiene un paseo marítimo precioso. Qué maravilla de playa, tan grande, con esa arena tan fina... ¡Qué suerte tienen los habitantes de San Sebastián!

Se puede ir a San Sebastián en avión: hay un pequeño aeropuerto a 22 kilómetros
de la ciudad. Otra opción es volar hasta Bilbao: el aeropuerto está a una hora. Hay
muchas opciones de alojamiento. Yo estoy en una pensión barata porque no tengo
mucho dinero, pero hay hoteles de todos los precios.

PUBLICADO POR SONIA WALTON A LAS 16:44

2 COMENTARIOS

Rosa dijo...
No conozco San Sebastián, pero sí Bilbao, que también está en el País Vasco. La comida es impresionante, y el museo Guggenheim una maravilla.

Olivier dijo...
Tienes razón en que el euskera es un idioma muy extraño; es totalmente diferente de
todos los idiomas europeos.

PUBLICAR UN COMENTARIO EN LA ENTRADA

Contesta estas preguntas

   a) ¿Por qué está Sonia en San Sebastián?

   b) ¿Cómo es la gastronomía vasca?

   c) ¿Qué es el euskera?

   d) ¿Por qué le gusta a Sonia la playa de la Concha?

   e) ¿Es el aeropuerto de Bilbao el más cercano a San Sebastián?

Vocabulario nuevo:

probar   propio
rebanada   arena
encima   volar
consiste en
paseo marítimo

Lecturas

Las aventuras de Sonia

Vocabulario: la ropa y los accesorios

El Blog de Sonia

BIENVENIDOS A MI BLOG SOBRE MI AÑO DE ESTUDIOS EN ESPAÑA

HE SALIDO DEMASIADO...

- No he dormido mucho
- No he estudiado lo suficiente
- No he comido bien
- ¡Estoy agotada!

COSAS QUE HE HECHO HOY

a) He desayunado con Rosa a las 12
b) He tomado muchas aspirinas
c) He salido de casa a las 3 de la tarde
d) He tomado un café con Olivier
e) He comprado más aspirinas...

ARCHIVO DEL BLOG

- ▶ noviembre (3)
- ▶ diciembre (3)
- ▶ ¡Feliz Navidad! (3)
- ▶ enero (3)
- ▶ febrero (3)
- ▶ marzo (1)

2 DE MARZO

Mi experiencia del Carnaval

¡Hola! He estado muy ocupada estos días: tengo muchísimo trabajo en la universidad, y además no puedo descansar porque salgo todas las noches con mis amigos. ¡Qué vida más dura! No, en serio, no puedo quedarme en casa cuando es Carnaval, la fiesta más loca del año. Tengo que aprender la cultura española, ¿no?

Me encanta el Carnaval, ¡es tan divertido! Estos días las calles han estado llenas de música y de gente disfrazada. Yo también me he disfrazado, me he puesto el uniforme militar de un amigo. Olivier se ha disfrazado de bailarina (¡qué gracioso!), y Petra de fantasma. Hay personas con mucha imaginación que llevan disfraces muy originales; por ejemplo, de pasta de dientes. Otros disfraces típicos son de políticos o de personas famosas. Muchos hombres se disfrazan de mujeres, ¡es el único momento del año en el que los hombres pueden llevar falda sin problemas!

Las noches de Carnaval son noches normales; la gente sale a cenar, o a tomar unas copas, pero disfrazados. A veces la gente viene a hablar contigo; y no puedes reconocerla por llevar la cara tapada.

Ha sido un fin de semana estupendo, pero ahora estoy agotada... Todas las noches he llegado a casa a las seis de la mañana, ¡o más tarde! Es lo normal aquí en España, y claro, yo tengo que hacer lo mismo que los españoles ;-) ¡Lo malo es que mañana tengo clase a las 9! Puedo decir que estoy enferma... En realidad, prácticamente estoy enferma, ¿no?

PUBLICADO POR SONIA WALTON A LAS 18:33

2 COMENTARIOS

Sara dijo...

Yo he pasado el Carnaval en Tenerife, ¡es increíble! Nunca he visto tanta gente en el mismo sitio, bailando, cantando. Y los disfraces son impresionantes.

Olivier dijo...

Sonia, ¿has visto el programa de la TVE1 sobre el Carnaval de Cádiz? ¡Qué pasada! Lo he grabado, está muy bien.

PUBLICAR UN COMENTARIO EN LA ENTRADA

Contesta estas preguntas

a) ¿Por qué está Sonia tan ocupada?
b) ¿Qué hace la gente en Carnaval?
c) ¿En qué sentido es una noche normal?
d) ¿Por qué ha salido Sonia hasta tan tarde?
e) ¿Va a ir a clase al día siguiente?

Vocabulario nuevo

ocupada — el disfraz
disfrazarse — descansar
pasta de dientes
en serio — tapada
quedarme en casa
agotada

1. **¡Ahora tú! Elige a dos personas y describe qué llevan puesto**

IR DE COMPRAS

Dependiente: Buenas tardes, ¿te ayudo en algo?
Cliente: No, gracias, sólo estoy mirando.

Clienta: Perdona, ¿tienes esta chaqueta en otro color?
Dependienta: Sí, la tenemos en verde y rojo.
Clienta: ¿Puedo probarme la roja?
Dependienta: Claro, los probadores están al fondo, a la derecha.

Clienta: Perdona, ¿tienes estos pantalones en una talla más grande?
Dependienta: Creo que sí. A ver… Sí, mira, esta es una talla grande.
Clienta: Gracias, ¿cuánto cuesta?
Dependienta: Son 69 euros.
Clienta: Perfecto, me la llevo, ¡es preciosa!
Dependienta: ¿Vas a pagar en efectivo o con tarjeta?
Clienta: En efectivo.

2. Cuestionario: ¿Te gusta la moda?

	Mucho (3 puntos)	Bastante (2 puntos)	Poco (1 punto)	Nada (0 puntos)
¿Sigues las tendencias de la moda?				
¿Cuánto dinero gastas en ropa al mes?				
¿Tu colección de camisetas es grande?				
¿Lees revistas de moda?				
¿Te fijas en la ropa que llevan tus compañeros de clase?				
Si no tienes la ropa adecuada, ¿prefieres no salir de casa?				
¿Tu actividad favorita es ir de compras?				
¿Tu interés por la moda afecta tus finanzas?				
¿Juzgas a las personas por su ropa?				
¿Pensar en la ropa adecuada para una fiesta te quita el sueño?				
¿Sueñas con ser modelo?				
¿No te importa llevar zapatos incómodos si son bonitos?				
Cuando vas a ir de viaje, ¿piensas más en la ropa que en la ciudad que vas a visitar?				

Resultados:

De 0 a 5: No te interesa la moda nada de nada. Es más, desprecias todo lo que está relacionado con ella. Esta actitud no es normal: puede indicar tendencias psicópatas, e incluso de mala higiene personal.

De 6 a 20: Tienes una actitud equilibrada ante la moda. No la ignoras, pero tampoco domina tu vida. Simplemente, tienes otras cosas más importantes en que pensar.

De 21 a 35: Tienes un fuerte interés por la moda, y piensas mucho en la ropa que te vas a poner cada día. Tu actitud es relativamente normal, pero cuidado, porque tienes una ligera tendencia a la obsesión en este tema.

De 36 a 43: Estás obsesionado/a por la moda. Es como una enfermedad. Necesitas ir al médico urgentemente.

Gramática

El pretérito perfecto: *Haber* + participio *(-ado, -ido)*

	HABLAR	COMER	VIVIR
Yo	HE HABLADO	HE COMIDO	HE VIVIDO
Tú	HAS HABLADO	HAS COMIDO	HAS VIVIDO
Él/ella/usted	HA HABLADO	HA COMIDO	HA VIVIDO
Nosotros	HEMOS HABLADO	HEMOS COMIDO	HEMOS VIVIDO
Vosotros	HABÉIS HABLADO	HABÉIS COMIDO	HABÉIS VIVIDO
Ellos / ustedes	HAN HABLADO	HAN COMIDO	HAN VIVIDO

¡¡ ATENCIÓN !!

Los siguientes verbos tienen **participios irregulares:**

ABRIR > abierto HACER >hecho
CUBRIR > cubierto MORIR > muerto
DECIR > dicho PONER > puesto
VOLVER > vuelto ROMPER > roto
ESCRIBIR > escrito VER > visto

1. Pon los verbos entre paréntesis en tiempo perfecto

a) "Pedro, *(preparar/tú)* .... la cena?" "Sí, la *(preparar/yo)* ...."

b) El policía *(encontrar)* .... pasaportes falsos entre los documentos.

c) Los guardias de seguridad *(abrir)* .... las puertas.

d) Yo *(hacer)* .... una tarta de chocolate para tu cumpleaños.

e) "Juan, ¿*(tú/ver)* .... las noticias?" "No, *(yo/no tener)* .... tiempo."

f) Luís y yo *(cerrar)* .... las ventanas.

g) Julio *(decir)* .... a su familia que el perro *(tener)* .... un accidente.

h) Ustedes *(escribir)* .... un e-mail a la universidad.

i) Carlos y Mercedes *(no ver)* .... a sus padres desde hace un año.

> *Aún, todavía, ya, alguna vez.*
> - "¿Has terminado el trabajo?" "No, <u>todavía</u> no lo he terminado"
> - <u>Ya</u> he conocido al novio de Laura. ¡Es feísimo!
> - <u>Aún</u> no he ido al Museo de Prado.
> - "¿Has comido pulpo <u>alguna vez</u>?" "No, nunca he comido pulpo, ¿y tú?"

2. Escribe una frase que incluya estas palabras, utilizando el pretérito perfecto

a) aún: _____

_____

b) todavía: _____

_____

c) ya: _____

_____

d) alguna vez: _____

_____

Actividades escritas

1. **Imagínate que estás de vacaciones en Santiago de Compostela.**
Escribe un párrafo describiendo lo que has hecho, usando el pretérito perfecto

_____

_____

_____

_____

_____

_____

_____

_____

_____

_____

_____

_____

_____

_____

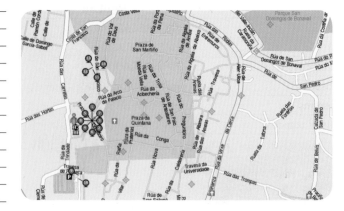

Ya has hecho…:

- Ver la catedral   ✓✓✓ maravillosa

- Pasear por el casco viejo   ✓✓✓ precioso – pero mucha gente.

- Aparcar en la Plaza de Galicia   ✗✗✗ mucho tráfico.

- Comer en la Plaza de Quintana   ✗✗ muy caro.

Todavía no has hecho…:

- Ir al parque Santo Domingo de Bonaval   – hacer mal tiempo

- Comprar regalos para tu familia   – perder tu tarjeta de crédito

- Ver una obra de teatro   – no tener tiempo

Nota cultural

BIENVENIDOS A LA SECCIÓN DE CULTURA ESPAÑOLA DE MI BLOG

5 DE MARZO

El carnaval en España

¡Hola otra vez! Me han gustado tanto los Carnavales, y me han parecido tan interesantes, que he buscado un poco de información para entender esta fiesta mejor. Esto es lo que he aprendido:

El Carnaval es una de las celebraciones más interesantes y divertidas de España y de los países latinoamericanos, donde también está muy extendido. Suelen ser festivales callejeros donde la gente se disfraza y sale por la calle, bailando y haciendo bromas. Algunos de los festivales más conocidos, como el de Cádiz o el de Tenerife, son enormemente creativos: los desfiles se preparan con mucha antelación, y los disfraces destacan por su originalidad y exotismo.

Las fiestas de Carnaval fueron inicialmente ritos paganos, que después fueron adoptados por la Iglesia Católica. El Carnaval tiene lugar inmediatamente antes de la Cuaresma, un periodo de cuarenta días caracterizados por la abstinencia y la moderación, durante los cuales estaba prohibido comer carne. El Carnaval, por el contrario, era un periodo de alegría y exceso: la palabra significa "adiós a la carne" y da una idea del espíritu festivo de estos días. Pero el carácter voluptuoso de estas fechas ofendía a muchos católicos estrictos; de hecho, durante la época franquista, estas celebraciones estaban prohibidas.

En la actualidad, las connotaciones religiosas del Carnaval se han perdido. Hoy en día es una fiesta para todas las edades, en la que la música y los disfraces son los protagonistas.

PUBLICADO POR SONIA WALTON A LAS 09:58

2 COMENTARIOS

Lisa dijo...

Es verdad que el Carnaval recibió muchas críticas en el pasado, es demasiado divertido para cierto tipo de gente...

Petra dijo...

A mí también me parece la fiesta española más divertida. He sacado muchas fotos y las he puesto en Facebook, están genial.

PUBLICAR UN COMENTARIO EN LA ENTRADA

DISFRACES MÁS ORIGINALES QUE HE VISTO:

▶ Un chico disfrazado de mosca
▶ Un señor mayor disfrazado de bailarina
▶ Una chica disfazada de pasta de dientes
▶ Un niño disfrazado de tableta de chocolate

QUÉ HACER EN CARNAVAL

a) Tomar unas copas totalmente disfrazado
b) Reírse con los disfraces de la gente
c) Bailar en la calle
d) Adivinar quién es la persona que está hablando contigo

ARCHIVO DEL BLOG

▶ noviembre (3)
▶ diciembre (3)
▶ ¡Feliz Navidad! (3)
▶ enero (3)
▶ febrero (3)
▼ marzo (2)

¿Verdadero o falso?

a) El Carnaval es una fiesta exclusivamente española.
b) La fiesta de Carnaval era una reacción contra el rigor de la Cuaresma.
c) Los católicos celebraban el Carnaval durante la época franquista.
d) El Carnaval actual conserva un tono religioso.

Vocabulario nuevo

callejero   tener lugar
broma   estar prohibido
desfile   ritos paganos
época franquista
en la actualidad

Actividades orales

1. En parejas: ¿Qué has hecho este mes?

Ej: A: *"¿Has ido al cine este mes?"*
         B: *"Sí, he ido al cine dos veces".*

(Visitar) a tu familia
(Ir) de compras
(Comprar) algún regalo
(Leer) una novela
(Romper) algo
(Escribir) e-mails
(Ver) una buena película en la tele
(Hacer) la comida para un amigo
(Enfadarte) con alguien
(Lavarte) el pelo

A

B

2. ¿Qué ropa lleva Mari Pili? Elige un conjunto y descríbelo a tu compañero

3. ¿Has hecho esto alguna vez?

Ej.: *"¿Has ido a Australia alguna vez?" "No, no he ido nunca".*

Acción	Tú	Tu compañero
Ver algún desfile de Carnaval		
Ir al cine más de tres veces la misma semana		
Comer pulpo		
Ver un fantasma		
Discutir con tus padres		
Pintar las paredes de tu casa		
Comprar un coche		
Viajar a un país de habla española		

4. ¡De compras!

Estudiante A

1ª parte: cliente

- Has visto un jersey en una tienda y quieres comprarlo
- Necesitas el jersey en color verde y en la talla 42
- No quieres pagar más de 50 euros
- Sólo puedes pagar en efectivo

2ª parte: dependiente

- Trabajas en una zapatería
- El modelo de sandalias que quiere el cliente sólo lo tienes en las tallas 37 y 38
- Tienes la talla 39 en modelos similares
- Las sandalias cuestan 48 euros
- Se puede pagar con tarjeta

Estudiante B

1ª parte: dependiente

- Trabajas en una tienda de ropa
- El modelo de jersey que quiere tu cliente lo tienes en amarillo, negro, verde y azul
- Tienes las tallas 38- 40- 42
- El precio es de 52 euros, pero hay descuentos para estudiantes
- Sólo se puede pagar en efectivo: hay un cajero automático al lado de la tienda

2ª parte: cliente

- Quieres comprar unas sandalias para una boda, que es mañana
- Necesitas la talla 39
- No puedes pagar más de 50 euros
- Quieres pagar con tarjeta

Actividades auditivas

1. Identifica la forma verbal de pretérito perfecto y traduce la frase a tu idioma

Frase	Significado en tu idioma
a) Ya he estado en Barcelona	¿?
b)	
c)	
d)	
e)	
f)	
g)	
h)	
i)	
j)	

2. Las vacaciones de Carnaval

a) ¿Qué ha hecho Sandra durante las vacaciones?

_____

b) ¿Por qué Luis no ha ido de vacaciones?

_____

c) ¿Ha estado Luis en casa todo el tiempo?

_____

d) ¿Qué pasa con su trabajo?

_____

3. Las atracciones turísticas de Madrid

- ¿Qué atracciones ya ha visto el turista? Búscalas en
  el mapa.

- ¿Qué opinión tiene el turista de estos lugares?

- ¿Qué atracciones no ha visitado todavía? Búscalas en
  el mapa.

- ¿Qué se puede hacer en esos sitios?

4. De compras. Rellena la tabla con información sobre las compras de estas personas

	artículo	características	precio	forma de pago
1ª conversación				
2ª conversación				
3ª conversación				
4ª conversación				

Mis viajes

BIENVENIDOS A LA SECCIÓN DE MIS VIAJES POR CIUDADES Y PUEBLOS ESPAÑOLES

¡HOY ES EL PRIMER DÍA DE PRIMAVERA!

▶ Me he comprado unas gafas de sol y un bikini...

PLANES PARA MI ESTANCIA EN VALENCIA

a) Alquilar una bicicleta
b) Ir a la Plaza del Mercado
c) Pasear por los Jardines del Turia
d) Ir a la playa

ARCHIVO DEL BLOG

▶ noviembre (3)
▶ diciembre (3)
▶ ¡Feliz Navidad! (3)
▶ enero (3)
▶ febrero (3)
▼ marzo (3)

19 DE MARZO

La fiesta de las Fallas

Otra vez estoy de viaje, esta vez en... ¡Valencia! Y esta semana es muy especial, porque se celebran Las Fallas. Sí, ya sé... otra fiesta española. Pero es que las fiestas españolas son tan divertidas que quiero conocerlas todas. Esta fiesta es realmente espectacular: los valencianos construyen una figuras de cartón y madera enormes, algunas de hasta 30 metros. Y después las queman: todas excepto la mejor figura, que se salva de las llamas. Y todo esto en medio de una gran fiesta, con gente, música, fuegos artificiales y sobre todo mucho ruido.

Esta semana he recorrido Valencia en bicicleta, me ha parecido una buena opción para ver toda la ciudad en poco tiempo. Por ejemplo, esta mañana he ido hasta el Mercado Central: ¡qué bonito! Allí he comido una paella, porque con tanto ejercicio me ha entrado hambre. La paella es típica de Valencia, y puedo confirmar que es deliciosa. Esta tarde he ido a la Ciudad de las Artes y de las Ciencias, y me quedé con la boca abierta. Es un complejo arquitectónico ultramoderno, diseñado por Santiago Calatrava, y si no habéis visitado esta zona nunca, la recomiendo.

Esta noche he dejado la bicicleta en el hotel y he ido a cenar con unos amigos. Hemos ido a un restaurante pequeñito cerca de la plaza del ayuntamiento, y hemos comido una cosa que se llama fideuá y también es típica de Valencia: es como una paella, pero con pasta en vez de arroz. Mmmm...

PUBLICADO POR SONIA WALTON A LAS 23:50

2 COMENTARIOS

Lisa dijo...

La bicicleta es una buena idea, tienes razón. Así quemas las calorías que consumes con tanta paella y fideuá.

Olivier dijo...

Nunca he estado en Valencia, pero ahora tengo muchas ganas de ir. ¡Gracias por la recomendación!

PUBLICAR UN COMENTARIO EN LA ENTRADA

Contesta estas preguntas

a) ¿Se queman todas las figuras de las Fallas?
b) ¿Por qué ha decidido Sonia alquilar una bicicleta?
c) ¿Qué le ha parecido la Ciudad de las Artes y de las Ciencias?
d) ¿Qué ha hecho Sonia por la noche?

Vocabulario nuevo:

cartón   llamas
madera   recorrer
quemar   salvar
quedarse con la boca abierta

Abril

Lecturas

Las aventuras de Sonia

Tablón de anuncios

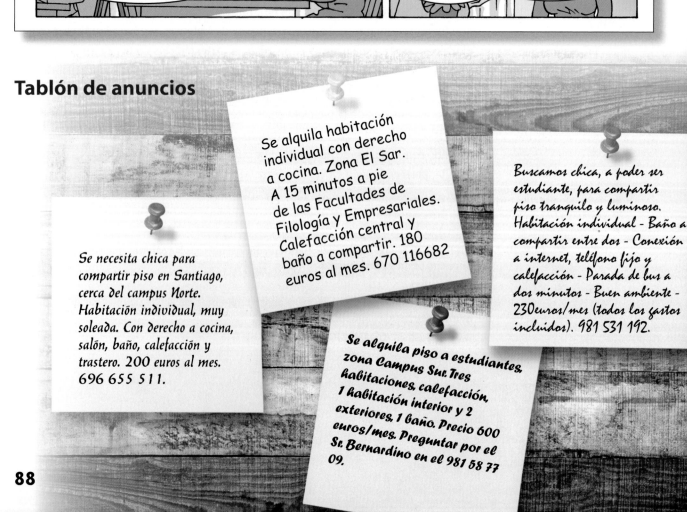

El Blog de Sonia

BIENVENIDOS A MI BLOG SOBRE MI AÑO DE ESTUDIOS EN ESPAÑA

CUANDO BUSCAS ALOJAMIENTO...

¿QUÉ ES LO MÁS IMPORTANTE?

a) Los compañeros de piso
b) La situación del piso
c) Los muebles y la decoración
d) Una buena calefacción o aire acondicionado

MI ELECTRODOMÉSTICO FAVORITO

a) La lavadora: no me gusta lavar a mano
b) El frigorífico, para las cervezas
c) El microondas, no puedo vivir sin él
d) La cafetera, sin café me muero

ARCHIVO DEL BLOG

▶ diciembre (3)
▶ ¡Feliz Navidad! (3)
▶ enero (3)
▶ febrero (3)
▶ marzo (3)
▼ abril (1)

2 DE ABRIL

Mi nuevo piso

Tengo noticias muy importantes. ¡La semana pasada me cambié de piso! La familia Perales es encantadora, pero ahora que mi español es mejor, me apetece vivir con estudiantes de mi edad. Además, ¡la madre de Rosa está embarazada! Vaya sorpresa para todos. En realidad no es tan extraño, porque tienen 42 años, lo que pasa es que tuvieron a Rosa y a su hermano muy jóvenes. Ahora van a necesitar todo el espacio posible en su piso.

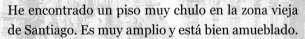

He encontrado un piso muy chulo en la zona vieja de Santiago. Es muy amplio y está bien amueblado.

Lo comparto con dos chicas de Bilbao y un chico que se llama Miguel, que es de Almería. Fui a ver el piso el sábado pasado y conocí a Miguel en ese momento. Es un chico muy simpático... ¡y tan guapo! Pero ese no es el motivo por el que vivo en ese piso...

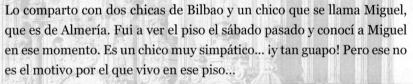

Las dos chicas, Susana y Andrea, también me caen muy bien. Las conocí ayer y hablamos de las tareas domésticas: cada semana uno de nosotros hace la limpieza del piso un día diferente. Cocinamos por separado, porque tenemos diferentes horarios.

La semana pasada fue el turno de limpieza de Miguel, y el piso estaba super limpio. También cocinó unos platos riquísimos para todos. ¡Es un chico con muchas virtudes!

PUBLICADO POR SONIA WALTON A LAS 12:10

2 COMENTARIOS

Sara dijo...

Hola, Sonia, es bueno que ahora vivas con otros estudiantes. Tus nuevos compañeros de piso parecen muy organizados, ¿no? Y también parecen interesantes ;-)

Olivier dijo...

Sonia... ¡que te conozco! Seguro que has elegido el piso por ese chico. Bueno, pues mucha suerte.

PUBLICAR UN COMENTARIO EN LA ENTRADA

Contesta estas preguntas

a) ¿Por qué se ha cambiado Sonia de piso?
b) ¿Qué sabes de sus nuevos compañeros de piso?
c) ¿Cómo están organizadas las tareas domésticas?
d) ¿Qué impresión tiene Sonia de Miguel?

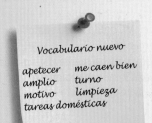

Vocabulario nuevo

apetecer   me caen bien
amplio   turno
motivo   limpieza
tareas domésticas

Vocabulario: los muebles y los electrodomésticos

EL DORMITORIO	LA COCINA	EL SALÓN	EL CUARTO DE BAÑO
La cama	Las alacenas	El sofá	La bañera
La mesilla	La mesa	El sillón	El lavabo
El armario	La silla	Los cuadros	El váter
El espejo	El frigorífico	La lámpara	El bidé
La cómoda	El microondas	El televisor	La ducha
La estantería	El horno	El equipo de música	La mampara
La persiana	El lavavajillas	La alfombra	El espejo
La almohada	La vitrocerámica	Las cortinas	Las toallas

1. ¡Entre todos! Describid los muebles de esta casa

2. Actividad de internet: busca una habitación en un piso compartido

Entra en la página web http://www.pisocompartido.com/buscador.asp. y busca dos ejemplos de habitaciones donde te gustaría vivir. Primero, rellena la sección "tus condiciones".

	Tus condiciones	Anuncio 1	Anuncio 2
Ciudad			
Precio			
Situación			
Características del piso			

3. Lee este e-mail de Sonia y resúmelo en tu idioma

Enviar   Guardar ahora   Descartar

Para: Petra Scheule

Añadir Cc | Añadir CCO

Asunto: nuevo piso... y nuevos amigos

Adjuntar un archivo

B *I* U *F* *T* T T 🖉 🖘 ≔ ≔ ⊞ ⊠ ❝ ▤ ▥ ▦ *I* « Texto   Corrector ortográfico ▾

¡Hola!

Por fin tengo un momento para escribirte. ¡He estado tan ocupada con la mudanza! Por suerte mi habitación es muy amplia, tengo un armario muy grande y dos estanterías, así que tengo suficiente espacio para todas mis cosas.

Por cierto... ¿te he hablado de Miguel, mi nuevo compañero de piso? Ayer tomamos una cerveza en el bar de la esquina. ¡Es tan simpático! Me habló de sus estudios: hace Medicina. Yo le hablé un poco de Inglaterra y de mi familia, y le dije que a veces los echo de menos.

Al final de la noche me llevó a un sitio muy bonito para cenar, y probé por primera vez pulpo. ¡Es muy rico! ¿Lo has probado alguna vez? También bebimos el vino típico de la zona, el Albariño, ¡y tengo que reconocer que me gustó demasiado! Aunque no tanto como Miguel... ¿tú crees que tengo posibilidades con él? ¿O es una locura...?

90

Gramática: Pretérito indefinido

Verbos regulares

	-AR COMPRAR	-ER VENDER	-IR SUBIR
Yo	compré	vendí	subí
Tú	compraste	vendiste	subiste
Él / ella / usted	compró	vendió	subió
Nosotros / as	compramos	vendimos	subimos
Vosotros / as	comprasteis	vendisteis	subisteis
Ellos /as / ustedes	compraron	vendieron	subieron

• Verbos de raíz irregular

ESTAR (to be)	HACER (to do)	PODER (can)	PONER (to put)	QUERER (to want)	SABER (to know)	TENER (to have)	VENIR (to come)
estuve	hice	pude	puse	quise	supe	tuve	vine
estuviste	hiciste	pudiste	pusiste	quisiste	supiste	tuviste	viniste
estuvo	hizo	pudo	puso	quiso	supo	tuvo	vino
estuvimos	hicimos	pudimos	pusimos	quisimos	supimos	tuvimos	vinimos
estuvisteis	hicisteis	pudisteis	pusisteis	quisisteis	supisteis	tuvisteis	vinisteis
estuvieron	hicieron	pudieron	pusieron	quisieron	supieron	tuvieron	vinieron

• Verbos irregulares

DAR: di, diste, dio, dimos, disteis, dieron
DECIR: dije, dijiste, dijo, dijimos, dijisteis, dijeron
SER / IR: fui, fuiste, fue, fuimos, fuisteis, fueron

Expresiones temporales útiles:

ayer - anteayer - anoche
el mes / año pasado
hace 10 años
el lunes / martes / miércoles...

1. Transforma los verbos entre paréntesis usando el indefinido

a) Encarna *(estudiar)* .... mucho para los exámenes.

b) Rosa y Elena *(solucionar)* .... el problema justo a tiempo.

c) Tú *(escribir)* .... varios e-mails a tus hermanos.

d) Yo *(visitar)* .... el Museo de Historia Natural. ¡Me encantó!

e) Ustedes *(contestar)* .... las preguntas con corrección.

f) Usted *(aprende)* .... a hablar francés en sólo 1 año.

g) Mis amigos y yo *(salir)* .... a cenar ayer.

h) Nosotros *(llegar)* .... al restaurante tarde.

i) Nadie *(tomar)* .... café en el restaurante.

Actividades escritas

1. La vida de Miguel de Cervantes. ¿Conoces a este escritor? Escribe un párrafo con esta información usando el pretérito

1547 (nacer) en Alcalá de Henares

1566 (trasladarse) a Madrid

1568 (escribir) su primera obra

1571 (participar) en la batalla de Lepanto / perder el uso del brazo izquierdo

1575 (convertirse) en prisionero tras una batalla

1575-1589 (vivir) en Argel como esclavo

1980 (regresar) a España

1597 (pasar) unos meses en la cárcel de Sevilla

1604 (instalarse) en Valladolid

1605 (publicar) la primera parte de *Don Quijote de la Mancha*

1607 (trasladarse) definitivamente a Madrid

1606-1616 (escribir) muchas obras

1616 (fallecer)

_____
_____
_____
_____
_____
_____
_____
_____
_____
_____
_____
_____

2. Describe estas dos habitaciones utilizando el vocabulario siguiente

frigorífico - vitrocerámica - horno - estanterías - grifo - alacenas

sillón - cuadro - vídeo - alfombra - lámpara - mesa - sofá

3. Contesta al e-mail de Sonia de la sección de vocabulario

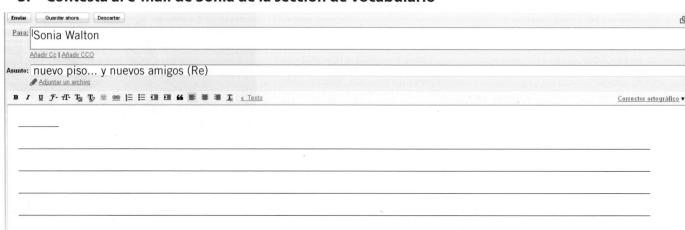

Para: Sonia Walton

Asunto: nuevo piso... y nuevos amigos (Re)

Nota cultural

BIENVENIDOS A LA SECCIÓN DE CULTURA ESPAÑOLA DE MI BLOG

¿DÓNDE ACTÚA LA TUNA?

- ▶ En eventos universitarios
- ▶ En fiestas de estudiantes
- ▶ En la calle, en actuaciones espontáneas
- ▶ En las bodas de los tunos

MI CANCIÓN DE TUNA FAVORITA:

Tuna Compostelana...
Y allá en el templo del APÓSTOL Santo
una niña llora ante su patrón
porque la capa de tuno que adora
no lleva las cintas que ella le bordó.
Porque la capa de tuno que adora
no lleva las cintas que ella le bordó.
Cuando la tuna te dé serenata
no te enamores, compostelana
que cada cinta que adorna su capa
guarda un trocito de corazón

ARCHIVO DEL BLOG

- ▶ diciembre (3)
- ▶ ¡Feliz Navidad! (3)
- ▶ enero (3)
- ▶ febrero (3)
- ▶ marzo (3)
- ▼ abril (2)

8 DE ABRIL

La tuna universitaria

Miguel me ha dicho que pertenece a una tuna universitaria. "¿Qué es eso?", le pregunté. Me explicó que las tunas son grupos musicales estudiantiles que se encuentran en la mayoría de las universidades españolas. Los miembros de la tuna son estudiantes que se visten al estilo antiguo, y con sus instrumentos musicales se pasean por las calles, tocando canciones de amor. Suena un poco raro, ¿no? Pero las tunas son tradiciones muy extendidas en las universidades antiguas españolas: cada tuna normalmente pertenece a una Facultad concreta y se viste de un color diferente al de otras tunas. Desde hace muchos años, las chicas se han enamorado al ritmo de las canciones de la tuna.

Miguel me dijo que las tunas comenzaron en el siglo XII. En esta época, los estudiantes pobres tocaban música por los mesones para conseguir un poco de dinero y un plato de sopa. Por eso, durante muchos años los tunos también se conocían por el nombre de *sopistas*. En esta época también apareció la palabra *tunante*, que se mantiene hoy en día, y se usa para describir a una persona vividora y caradura. En la actualidad, los miembros de estos grupos musicales son simplemente estudiantes normales a los que les gusta salir, cantar y enamorar a las chicas. Conmigo desde luego está surtiendo efecto...

PUBLICADO POR SONIA WALTON A LAS 22:30

2 COMENTARIOS

Sara dijo...

Gracias por la explicación. El otro día vi a la tuna de la universidad de Sevilla, cantaron una canción preciosa y me encantó.

Lisa dijo...

Las canciones de la tuna son muy tradicionales y bonitas, ¿has escuchado alguna? Dile a Miguel que te cante alguna.

PUBLICAR UN COMENTARIO EN LA ENTRADA

¿Verdadero o falso?

a) Las tunas son grupos musicales modernos.

b) Los tunos suelen tener éxito entre las chicas.

c) En España hay tunas desde hace muchos años.

d) Las tunas universitarias actuales suelen estar formadas por estudiantes con pocos recursos económicos.

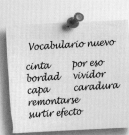

Vocabulario nuevo

cinta   por eso
bordad   vividor
capa   caradura
remontarse
surtir efecto

Actividades orales

1. ¿Cómo es tu vivienda? Completa la tabla con tus datos y los datos de tu compañero

	Estudiante A	Estudiante B
Tamaño del piso		
Descripción general		
Descripción del dormitorio		
Precio del alquiler		
Información sobre los compañeros de piso		

2. Buscando una habitación en un piso compartido. Has visto tres anuncios que te interesan: llama por teléfono para averiguar más información

Estudiante A

Estás buscando alojamiento. Tú quieres:

—   Un piso más o menos céntrico y moderno. Prefieres no tener que usar transporte.
—   Es importante que tenga calefacción.
—   Tu presupuesto máximo es 225 euros al mes.

Estudiante B

Necesitas una persona para la habitación libre que hay en tu piso.

—   Vives en un piso con otros 3 estudiantes: dos son españoles y el otro es irlandés.
—   El piso tiene cuatro dormitorios.
—   No hay calefacción, los muebles son bastante viejos.
—   No hay lavadora.
—   Está cerca del campus universitario y se puede ir a pie.
—   Precio: 200 euros al mes, con recibos incluidos.

Quieres saber de dónde es el estudiante que llama y cuánto tiempo se va a quedar en la ciudad.

Estudiante C

Necesitas una persona para la habitación libre que hay en tu piso.

—   Vives en un piso con tu novio/a.
—   El piso tiene dos dormitorios y está muy bien equipado: hay calefacción, lavadora, conexión a internet y los muebles son nuevos.
—   Está a 10 minutos del campus en bus y a 20 minutos a pie del centro de la ciudad.
—   Precio: 250 euros al mes y los recibos aparte.

Quieres saber de dónde es el estudiante que llama y cuánto tiempo se va a quedar en la ciudad.

Estudiante D

Necesitas una persona para la habitación libre que hay en tu piso.

—   Eres español y vives en un piso con un chico francés y una chica italiana.
—   El piso tiene cinco habitaciones.
—   Hay calefacción, lavadora y microondas y los muebles están bastante nuevos.
—   El piso está a 10 minutos a pie del centro y a 15 del campus.
—   Precio: 225 euros al mes, con recibos aparte.

Quieres saber de dónde es el estudiante que llama y cuánto tiempo se va a quedar en la ciudad.

9

3. **Decorador de interiores. Decora tu habitación con estos muebles. Descríbesela a tu compañero: tiene que dibujarla según tus indicaciones**

4. **Espiando a Carlos. ¿Qué hizo ayer? Completa el cuadro, preguntándole a tu compañero la información que tú no tienes**

Actividades auditivas

1. Practica las terminaciones verbales del indefinido

Verbo	Persona gramatical (*yo, tú, él, nosotros, vosotros* o *ellos*)	Significado en tu idioma
a. Cantamos	nosotros	¿?
b.		
c.		
d.		
e.		
f.		
g.		
h.		

2. ¿Qué hizo Rosa esta semana? Completa el recuadro

	Actividades de Rosa
lunes	
martes	
miércoles	
jueves	
viernes	
sábado	
domingo	

3. Buscando piso. Escucha estas dos llamadas y completa la tabla

	1er diálogo	2º diálogo
origen de la persona que llama		
características del piso		
personas que viven en el piso		
precio		
visita al piso		

4. Las labores domésticas

Diferentes hablantes explican qué tipo de labores domésticas les gusta hacer: hacer la comida - lavar los platos ordenar - limpiar - hacer la compra

	¿piso limpio o sucio?	tareas que hacen por separado	tareas que comparten
Sole			
Manuel			

96

Mis viajes

BIENVENIDOS A LA SECCIÓN DE MIS VIAJES POR CIUDADES Y PUEBLOS ESPAÑOLES

¿QUÉ TE LLEVARÍAS A UNA ISLA DESIERTA?

▸ Un botiquín de medicinas

▸ Una tienda de campaña

▸ Muchos libros para pasar el tiempo

▸ Un bañador

MIS PEORES VACACIONES:

Fui a pasar una semana con mis amigos.
Se pasaron todo el tiempo discutiendo.
Yo tuve un accidente y me rompí la mano.
Fue horrible.

ARCHIVO DEL BLOG

▸ diciembre (3)
▸ Feliz Navidad (3)
▸ enero (3)
▸ febrero (3)
▸ marzo (3)
▾ abril (3)

14 DE ABRIL

Una isla desierta

El fin de semana pasado fui a las islas Cíes con mis compañeros de piso. ¡Qué descubrimiento! Son unas islas pequeñas que sólo están a unos 100 km de Santiago, pero son totalmente diferentes, ¡si hace buen tiempo parece que estás en el Caribe! El agua es azul y transparente y la arena blanca y fina: es estupendo para pasar unos días en contacto con la naturaleza. No hay hoteles en las islas porque están deshabitadas, pero hay un camping cerca de la playa y nos quedamos allí dos días. No había mucha gente porque todavía es primavera. Fue un fin de semana perfecto.

En realidad no hay mucho que hacer en las islas: no hay bares ni discotecas ni, por supuesto, tiendas. Así que la atracción principal es descansar en la playa, dar paseos tranquilos y charlar con los amigos. Fue fantástico tener esos dos días para desconectar de todo y poder hablar sin parar, sin interrupciones de la televisión ni del teléfono móvil. El tiempo fue muy bueno para esta época del año, no suficientemente bueno para bañarnos en el mar, pero sí para estar en camiseta y pantalones cortos durante el día.

El último día, Susana y Andrea pasaron casi todo el tiempo tomando el sol, pero Miguel y yo dimos un paseo desde la playa hasta el faro. Fue fantástico, la vista desde el faro es perfecta, y además tuvimos la oportunidad de hablar con más tranquilidad y conocernos un poco mejor. Fue un fin de semana perfecto.

PUBLICADO POR SONIA WALTON A LAS 23:30

2 COMENTARIOS

Lisa dijo...

Qué suerte ir a las islas Cíes, son un paraíso en miniatura. Yo estuve allí el año pasado: sólo un día, pero me encantó la experiencia. Espero volver este verano.

Sara dijo...

Bueno, bueno, ya veo que las cosas avanzan con Miguel. Desde luego que un novio español te ayudaría mucho a entender la cultura del país, ¿no? ;-)

PUBLICAR UN COMENTARIO EN LA ENTRADA

Contesta estas preguntas

a) ¿Qué le gusta a Sonia de las Islas?

b) ¿Vive mucha gente en las islas Cíes?

c) ¿Qué atracciones tiene esta zona?

d) ¿Lo pasó bien Sonia en este viaje? ¿Por qué?

e) ¿Qué hizo Sonia el último día?

Vocabulario nuevo

naturaleza   bañarnos
quedarse   tomar el sol
charlar   faro
descubrimiento
desconectar de todo

Lecturas

Las aventuras de Sonia

Estas tres expresiones significan lo mismo:

- **Hace** dos años **que** estudio español
- Estudio español **desde hace** dos años
- **Llevo** dos años **estudiando** español

Practica esta expresión con estas frases:

a) Nosotros / vivir en Madrid / 3 meses

b) Sandra / conocer a Pablo / 10 años

c) Tú / salir con Silvia / 2 semanas

d) Mi vecino / trabaja en una empresa extranjera / 2 años

e) Yo / escribir un e-mail / 1 hora

f) Ellos / esperar el autobús / 10 minutos

g) Carla / jugar al baloncesto profesional / 5 años

h) Usted / tocar la guitarra / media hora

El Blog de Sonia

BIENVENIDOS A MI BLOG SOBRE MI AÑO DE ESTUDIOS EN ESPAÑA

¿CUÁL ES LA MEJOR FORMA DE MEJORAR EL ESPAÑOL?

👍 Ver la televisión y películas sin subtítulos

👍 Leer periódicos y revistas españolas

👍 Asistir a clases de español

👍 Hacer muchos amigos españoles

¿CUÁNDO ECHAS MÁS DE MENOS TU PAÍS?

a) A la hora de comer: no me gusta la comida española
b) Los fines de semana, porque no están mis amigos
c) Cuando hablo con mi familia, está tan lejos...
d) Al salir a la calle, por ser un clima tan diferente
e) Cuando es una fecha especial, como un cumpleaños
f) ¡No lo echo de menos nunca!

ARCHIVO DEL BLOG

▶ ¡Feliz Navidad! (3)
▶ enero (3)
▶ febrero (3)
▶ marzo (3)
▶ abril (3)
▼ Semana Santa (1)

1 DE ABRIL

¡Qué rápido pasa el tiempo! Hace siete meses que vivo en España. Ahora es Semana Santa, es un momento del año muy interesante para mí. En estas fechas, hay muchas actividades religiosas por las calles: las más importantes son las procesiones. Miguel me ha explicado que las procesiones son unos desfiles muy tradicionales e interesantes, aunque a algunos extranjeros no les gustan mucho porque les parecen un poco siniestros.

Me encanta la vida en Santiago, siempre hay muchas cosas que hacer. He conocido a mucha gente porque hago muchas actividades todas las semanas. Por ejemplo, los lunes juego al tenis con mis compañeros de clase, los martes y jueves voy al gimnasio con Rosa y sus amigas y los miércoles normalmente voy al cine con Miguel y Andrea, porque ese día es más barato para los estudiantes. Y desde hace una semana hago un intercambio inglés-español con una chica muy simpática que se llama Isabel. Isabel quiere mejorar su inglés, porque el año que viene va a hacer un semestre Erasmus en Escocia. Yo también quiero mejorar mi español, así que es una forma muy buena de practicar idiomas, haciendo amigos al mismo tiempo.

Pero a veces es difícil vivir en el extranjero. Hace ya siete meses que no veo a mi familia ni a mis amigos de Inglaterra. Y aunque siempre hablo con ellos por teléfono o les escribo correos, a veces los echo de menos. Pero no importa, porque en verano los veo otra vez.

PUBLICADO POR SONIA WALTON A LAS 23:45

2 COMENTARIOS
Olivier dijo...

Pero si no tienes tiempo de echar de menos a nadie: ¡no paras! Todos los días haces mil cosas, te vas de viaje todos los meses, después están las clases de la universidad...

Petra dijo...

Yo te entiendo, Sonia. Es una experiencia fantástica estar aquí, pero es duro no ver a la familia. Un abrazo.

PUBLICAR UN COMENTARIO EN LA ENTRADA

Contesta estas preguntas

a) ¿Cuánto tiempo hace que Sonia estudia en Santiago?
b) ¿Por qué piensa Sonia que la Semana Santa es muy interesante?
c) ¿Por qué tiene tantos amigos?
c) ¿Por qué los intercambios son una buena forma de mejorar idiomas?
d) ¿Qué inconveniente tiene vivir fuera de tu país?

Vocabulario nuevo

fechas   mejorar
desfiles así que
aunque
echar de menos

Vocabulario: **quedar con amigos**

Sugerencias:

- ¿Qué te parece si vamos al cine?
- ¿Te apetece ir a la exposición de Velázquez?
- ¿Tienes planes para el sábado?
- ¿Qué hacemos hoy?

Respuestas:

- Lo siento, no puedo, tengo que trabajar esta noche.
- No me viene bien, estoy muy ocupado.
- Pues la verdad es que no me apetece salir hoy, estoy muy cansado.
- Estoy libre esta noche.

Lugar y hora:

- ¿Cómo quedamos? / ¿A qué hora quedamos? / ¿Dónde quedamos?
- <u>Quedamos</u> a las ocho delante del cine
- <u>Nos vemos</u> a las 10 en casa de Pedro.
- No sé, <u>mejor te llamo más tarde</u> y hablamos.

En la pantalla de un móvil

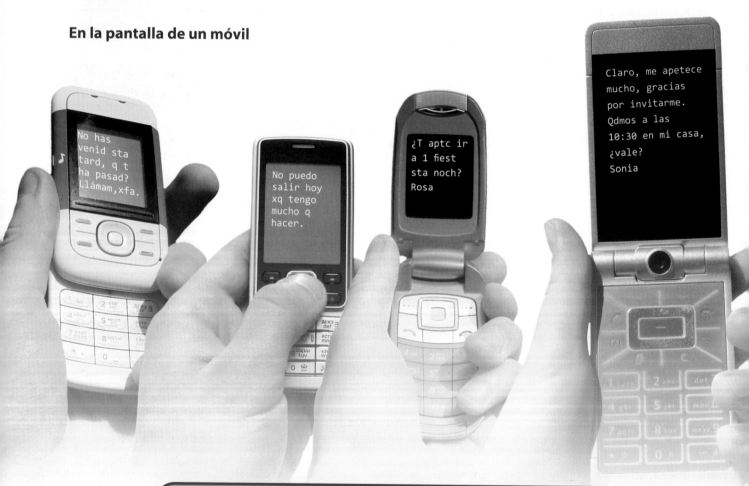

No has venid sta tard, q t ha pasad? Llámam,xfa.

No puedo salir hoy xq tengo mucho q hacer.

¿T aptc ir a 1 fiest sta noch? Rosa

Claro, me apetece mucho, gracias por invitarme. Qdmos a las 10:30 en mi casa, ¿vale? Sonia

Abreviaturas para mensajes de texto

h = hola	a+ = ademas
a2 = adios	tb = tambien
salu2 = saludos	grcs = gracias
bs = besos	+- = más o menos
x = por	qdms = quedamos
xq o pq = porque	t8d- = te echo de menos
xfa = por favor	ksa = casa

Gramática

A   FRASES NEGATIVAS

• Normalmente, la palabra *no* aparece **delante del verbo**:

Ej.: **No** *tengo tiempo para ir al cine*

• Con las partículas negativas (*nada, nunca, nadie, ningún*), podemos usar una **doble negativa**:

Ej.: *Roberto* **no** *tiene* **ningún** *amigo.*

No *hay* **nada** *en el frigorífico.*

1.   Escribe una frase con estas partículas negativas

a) nada: _____

b) nadie: _____

c) ningún: _____

d) nunca: _____

B   USO DEL GERUNDIO

Verbos terminados en **-AR**	Gerundio **-ANDO**	Ej: habl**ando**
Verbos terminados en **-ER** o **-IR**	Gerundio **-IENDO**	Ej.: com**iendo** viv**iendo**

Presente continuo: *Estar* + gerundio

Ej.: *Estamos hablando* con nuestros compañeros de clase.

Estoy escribiendo un e-mail a mi hermana.

2.   Pon los verbos en paréntesis en el presente continuo

a) La peluquera *(cortar)* _____ el pelo a Juan.

b) Nuestros compañeros de trabajo *(terminar)* _____ el proyecto.

c) Tú *(beber)* _____ demasiado.

d) Beatriz y tú *(aprender)* _____ español muy rápido.

e) Yo *(tomar)* _____ un café con leche.

f) Usted *(salir)* _____ por la puerta equivocada.

g) El novio de Rita *(leer)* _____ unos documentos de su familia.

h) Los perros *(jugar)* _____ en el jardín.

i) El salario de los médicos *(aumentar)* _____ en comparación con otras profesiones.

Actividades escritas

1. ¿Qué están haciendo tus vecinos?

Ej.: *En el 1º izquierda una niña está bebiendo agua.*

4º izquierda _____

4º derecha _____

3º izquierda _____

3º derecha _____

2º izquierda _____

2º derecha _____

1º izquierda _____

1º derecha _____

2. ¿Se celebra la Semana Santa en tu país? Escribe una redacción explicando qué celebraciones se hacen en tu país en estas fechas

_____

_____

_____

_____

_____

_____

3. ¿Qué cosas no has hecho nunca? Escribe un pequeño párrafo

_____

_____

_____

_____

_____

_____

_____

_____

_____

_____

Nota cultural

BIENVENIDOS A LA SECCIÓN DE CULTURA ESPAÑOLA DE MI BLOG

14 DE ABRIL

La Semana Santa en España

He visto mi primera procesión de Semana Santa, ¡es impresionante! No hay nada parecido en mi país. La Semana Santa es una celebración religiosa de gran importancia en toda España. Durante estos días se conmemoran los últimos días de la vida de Jesucristo, su muerte y su resurrección, en unos desfiles llamados "procesiones". Las personas que participan en las procesiones recorren las calles de los pueblos y ciudades españolas, llevando estatuas que representan diferentes momentos de la pasión y muerte de Jesús.

Estas personas se llaman "penitentes" y llevan un traje peculiar con un gorro cónico muy alto. Miguel me ha explicado que el origen de esta ropa viene de la época de la Inquisión (s. XV). En estos años, los condenados por crímenes religiosos tenían que llevar un gorro similar como símbolo de humillación. En la actualidad, el traje típico de Semana Santa es un símbolo de penitencia y de fervor religioso. También se utiliza para preservar el anonimato de la persona que lo lleva.

Las celebraciones de Semana Santa varían mucho en las diferentes regiones españolas, debido al diferente carácter de sus habitantes. En la zona de Castilla suelen ser austeras y silenciosas, mientras que en Andalucía son celebraciones llenas de música y color. Aparte de su significado religioso, la Semana Santa es uno de los acontecimientos culturales más importantes del país y atraen las visitas de numerosos turistas, tanto españoles como extranjeros. Os recomiendo ver las procesiones, a mí me encantan.

PUBLICADO POR SONIA WALTON A LAS 12:35

3 COMENTARIOS

Petra dijo...: Pues a mí me dan miedo las procesiones, son tan serias... Pero son un elemento cultural fundamental en España.

Lisa dijo...: A mí las procesiones no me dan ningún miedo, me parecen muy espectaculares. ¡Y divertidas!

Olivier dijo...: En Francia también celebramos la Semana Santa, pero de una manera muy diferente.

PUBLICAR UN COMENTARIO EN LA ENTRADA

¿ERES RELIGIOSO?

- Sí, la religión es fundamental en mi vida
- Un poco, pero no practico demasiado
- No pienso mucho en la religión, la verdad
- No creo en ningún Dios, soy ateo/a

OTRAS CELEBRACIONES RELIGIOSAS. ¿QUÉ SON...? MIRA EN INTERNET

- Las romerías
- Las peregrinaciones
- Las fiestas en honor a un patrón
- Las misas

ARCHIVO DEL BLOG

- ▶ Navidad (3)
- ▶ enero (3)
- ▶ febrero (3)
- ▶ marzo (3)
- ▶ abril (3)
- ▼ Semana Santa (2)

¿Verdadero o falso?

a) Las procesiones simbolizan los últimos momentos de la vida de Jesús.

b) Los típicos gorros de la Semana Santa no tienen un significado religioso en la actualidad.

c) Los trajes de las procesiones tienen un origen muy antiguo.

d) La Semana Santa es una fiesta puramente religiosa.

e) Las procesiones son similares en las diferentes provincias de España.

Vocabulario nuevo

conmemorar condenado muerte penitencia austeras recorrer acontecimiento traje formar parte

103

Actividades orales

1. Describe esta foto a tu compañero: ¿Qué están haciendo estas personas? Escribe 5 acciones

2. ¿Cuánto tiempo hace que...?

Ej.: *"¿Cuánto tiempo hace que juegas al fútbol?" "Juego al fútbol desde hace seis años"*

	Estudiante A	Estudiante B
Estudiar español		
Vivir en tu casa o piso		
Estar despierto		
Salir por las noches		
Conocer a tu profesor/a		
Estar contento/a		

3. ¿Tomamos un café? Sigue el ejemplo

Ej.: *"¿Quedamos el lunes por la tarde para tomar un café?"*
"Lo siento, no puedo, voy a pasear con Marta"

Agenda del Estudiante A

	Por la mañana	Por la tarde
Lunes	Jugar al fútbol con Pablo	
Martes		Ir al cine con Manolo
Miércoles	Clase de español	
Jueves		Trabajar en el restaurante
Viernes		Trabajar en el restaurante
Sábado	Comer en casa de mis padres	
Domingo		

Agenda del Estudiante B

	Por la mañana	Por la tarde
Lunes		Pasear con Marta
Martes	Estudiar para el examen	
Miércoles		Ir al gimnasio
Jueves	Clase de informática	
Viernes	Jugar al tenis con Clara	
Sábado		Visitar a mis abuelos
Domingo		

Actividades auditivas

1. Escucha estas frases y tradúcelas a tu idioma

Frase en español	Significado en tu idioma
a)	
b)	
c)	
d)	
e)	

2. ¿Cómo se sienten estas personas y por qué?

	¿Qué les pasa?	¿Por qué?
Marisa		
Eduardo		
Virginia		
Ignacio		

3. El detective privado. ¿Qué errores comete?

9:00   10:30   12:45   17:30

_____
_____
_____
_____
_____
_____
_____

4. Escucha con atención. ¿Qué sugiere Fernando y qué responde Elena?

	Fernando	Elena
Ahora		
La semana que viene		
Mañana por la noche		
El miércoles		
El jueves		
El fin de semana		

5. Escucha con atención y contesta a las siguientes preguntas

a) ¿Quién es Carlos?

b) ¿Le gusta la fiesta a Laura?

c) ¿Qué le preocupa a Laura?

d) ¿A qué hora termina la fiesta?

e) ¿Qué va a hacer Carlos mañana?

f) ¿Quién va a limpiar el piso?

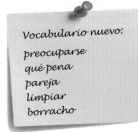

Vocabulario nuevo:

preocuparse
qué pena
pareja
limpiar
borracho

Mis viajes

BIENVENIDOS A LA SECCIÓN DE MIS VIAJES POR CIUDADES Y PUEBLOS ESPAÑOLES

José Luis Rodríguez
Zapatero

MIS PLANES PARA LA SEMANA
QUE VIENE

▸ Ordenar mi habitación
▸ Quedar con Rosa para cenar
▸ Ir de compras con Andrea y Susana
▸ Ir a tomar algo con Miguel

ARCHIVO DEL BLOG

▸ ¡Feliz Navidad! (3)
▸ enero (3)
▸ febrero (3)
▸ marzo (3)
▸ abril (3)
▾ Semana Santa (3)

19 DE ABRIL

Un viaje a León

Isabel, la chica con la que hago el intercambio, me ha invitado a pasar un fin de semana en León. León es una ciudad pequeña que se encuentra en el noroeste de España, en el interior. Es famosa por su universidad y también por su magnífica catedral, que conserva unas vidrieras medievales de gran valor artístico. Como todas las ciudades estudiantiles, tiene un ambiente muy joven y es muy alegre. Antes, la familia de Isabel vivía en el centro, pero es muy ruidoso por las noches, así que se han trasladado a las afueras.

Ayer Isabel me enseñó su parte favorita de la ciudad: el barrio Húmedo. ¡Me encanta! Es la zona de bares de León y está en el casco antiguo, tiene mucho encanto. Isabel quedó con unos amigos y primero fuimos a cenar a un bar. Tomamos unas tapas típicas de la región: embutidos, queso y un vino muy bueno. Después fuimos a tomar unas cervezas a otro bar, y así toda la noche.

Por la mañana nos despertamos tarde y desayunamos con la madre de Isabel y su hermana, que tiene 27 años. Después fuimos a dar un paseo al lado de un río, y como hacía buen tiempo comimos unos bocadillos en el campo. Esta noche vamos a quedar con otros amigos para ver la nueva película de Almodóvar. Y mañana ya tengo que coger el tren para volver a Santiago, ¡qué pena!

PUBLICADO POR SONIA WALTON A LAS 09:55

2 COMENTARIOS

Rosa dijo...

¡El barrio Húmedo es genial! Hay más de 100 bares y restaurantes concentrados en unas pocas calles. El ambiente es estupendo, qué suerte estar allí,

Lisa dijo...

¿Sabes por qué el Barrio Húmedo se llama así? Porque la gente bebe mucho alcohol...

PUBLICAR UN COMENTARIO EN LA ENTRADA

Contesta estas preguntas

a) ¿Por qué ha ido Sonia a León?
b) ¿Por qué vive en las afueras la familia de Isabel?
c) ¿Qué tiene de interesante el casco antiguo?
d) ¿Qué tiempo hacía en León?
e) ¿Por qué está Sonia un poco triste?

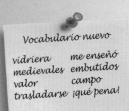

Vocabulario nuevo

vidriera   me enseñó
medievales embutidos
valor   campo
trasladarse ¡qué pena!

Lecturas

Las aventuras de Sonia

Vocabulario: **Si tienes que ir al médico**

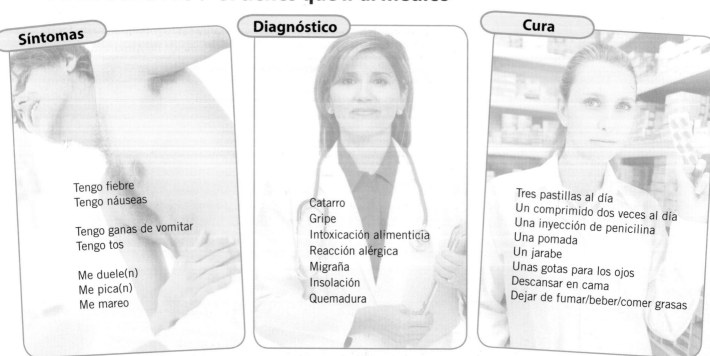

Síntomas

Tengo fiebre
Tengo náuseas

Tengo ganas de vomitar
Tengo tos

Me duele(n)
Me pica(n)
Me mareo

Diagnóstico

Catarro
Gripe
Intoxicación alimenticia
Reacción alérgica
Migraña
Insolación
Quemadura

Cura

Tres pastillas al día
Un comprimido dos veces al día
Una inyección de penicilina
Una pomada
Un jarabe
Unas gotas para los ojos
Descansar en cama
Dejar de fumar/beber/comer grasas

El Blog de Sonia

BIENVENIDOS A MI BLOG SOBRE MI AÑO DE ESTUDIOS EN ESPAÑA

PARA ESTAR SANO...

▶ Hay que comer muchas frutas y verduras
▶ Hay que hacer ejercicio diariamente
▶ Hay que evitar el estrés
▶ Hay que moderar el consumo de alcohol
▶ Hay que dejar de fumar
▶ Hay que dormir ocho horas al día

¿CUÁNDO TE ENCUENTRAS PEOR DE SALUD?

a) Cuando salgo demasiado por la noche
b) Cuando no salgo nunca
c) Cuando trabajo demasiado
d) Cuando estoy preocupado/a
e) Cuando como comida basura

ARCHIVO DEL BLOG

▶ enero (3)
▶ febrero (3)
▶ marzo (3)
▶ abril (3)
▶ Semana Santa (3)
▼ mayo (1)

5 DE MAYO

¡Me encuentro mal!

Estoy muy preocupada. No sé qué me pasa. El fin de semana pasado salí con unos amigos para celebrar un cumpleaños. Tomamos una comida estupenda y bebimos varias botellas de un vino muy bueno. Después fuimos a bailar a una discoteca, y la verdad es que no me acuerdo de qué más cosas hice. El caso es que esta mañana me encontraba muy mal, con un dolor de cabeza terrible y ganas de vomitar. Ahora me encuentro peor. ¿Qué me pasa? ¿Es grave?

Antes de vivir en España no salía mucho. Bueno, sí que salía, pero normalmente volvía a casa a las doce de la noche, ¡no a las siete de la mañana! Antes podía salir y dormir en la misma noche. Pero en España, o sales o duermes. ¡Es muy fácil enfermar si no quieres quedarte en casa! Lo malo es que tengo exámenes dentro de un par de semanas y es importante estar concentrada para aprobar. Yo ahora soy incapaz de concentrarme en nada.

Por suerte, Miguel, mi compañero de piso, es estudiante de medicina y me ha aconsejado dormir mucho y beber mucha agua. También me ha hecho una sopa especial para recuperarme. Y ahora ya me siento mejor. ¡Nunca más vuelvo a beber tanto!

PUBLICADO POR SONIA WALTON A LAS 15:55

2 COMENTARIOS

Olivier dijo...

Sonia, ¡cómo exageras! Tómate una pastilla de paracetamol cada seis horas y a dormir, ¡tu "enfermedad" es una resaca!

Petra dijo...

Lo mejor en estos casos es intentar dormir un poco. Los excesos se pagan...

PUBLICAR UN COMENTARIO EN LA ENTRADA

Contesta estas preguntas

a) ¿Qué le pasa a Sonia?
b) ¿Por qué crees que está enferma?
c) ¿Está Sonia acostumbrada a salir hasta muy tarde por las noches?
d) ¿Por qué cree Sonia que ser estudiante en España no es sano?

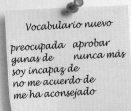

Vocabulario nuevo

preocupada   aprobar
ganas de   nunca más
soy incapaz de
no me acuerdo de
me ha aconsejado

1. En la consulta del médico

Sonia: Buenos días.

Médico: Buenos días, ¿cómo te encuentras?

Sonia: Pues bastante mal. Tengo 38 grados de fiebre y mucho dolor de cabeza. También tengo ganas de vomitar.

Médico: Mmmm. ¿Y te duele la espalda?

Sonia: Pues sí, me duele bastante.

Médico: Eso es la fiebre. ¿Desde cuándo te encuentras mal?

Sonia: Desde ayer. Salí con unas compañeras de clase, para celebrar el cumpleaños de una de ellas. Comimos unos mariscos riquísimos y bebimos un vino Albariño que estaba muy bueno…

Médico: Ya. Pues seguramente comiste marisco que no estaba en buen estado. Eso te provocó las náuseas, y quizá la fiebre. Además, como ayer hizo una noche muy fría, hoy tienes también un catarro fuerte.

Sonia: ¿No es gripe entonces?

Médico: No, no es gripe. Tómate dos pastillas de paracetamol tres veces al día, bebe mucha agua y descansa bien. Intenta comer cosas ligeras esta semana. ¡Y prohibido beber alcohol!

Sonia: No se preocupe. Y muchas gracias.

Contesta estas preguntas:

a) ¿Qué síntomas tiene Sonia? _____

b) ¿Qué diagnóstico ofrece el médico? _____

c) ¿Qué le recomienda el médico? _____

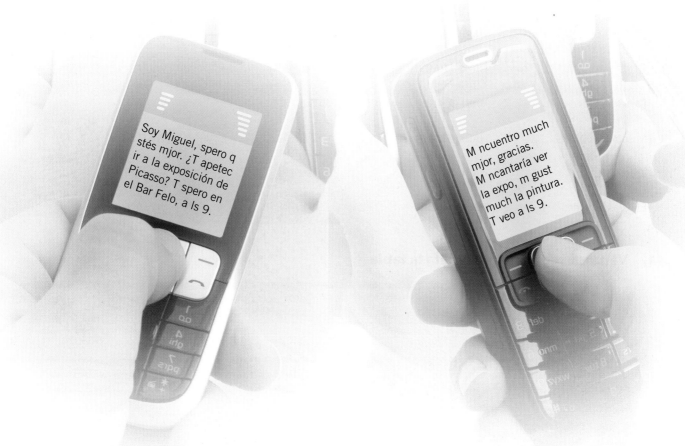

2. En la pantalla de un móvil

Soy Miguel, spero q stés mjor. ¿T apetec ir a la exposición de Picasso? T spero en el Bar Felo, a ls 9.

M ncuentro much mjor, gracias. M ncantaría ver la expo, m gust much la pintura. T veo a ls 9.

3. Antes y ahora. ¿Cuál es tu opinión?

A

Los jóvenes tienen mejor salud ahora que hace 30 años. Antes no había suficientes hospitales y los servicios médicos eran limitados. Ahora es diferente: nuestros médicos son de primera clase y hay hospitales en todos los pueblos y ciudades españoles. También hay mejores medicinas para curar todo tipo de enfermedades.

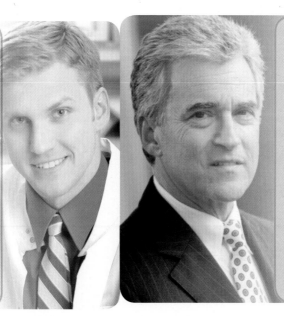

B

Antes teníamos mejor salud, porque comíamos cosas más sanas. Hoy los jóvenes consumen demasiadas grasas y azúcar, y no hacen suficiente ejercicio. Pero antes, como la gente tenía trabajos mucho más activos y tomaban alimentos sin aditivos, no tenían los problemas que hay ahora.

4. ¿Conoces bien España? Haz este cuestionario para averiguarlo

http://atschool.eduweb.co.uk/rgshiwyc/school/curric/HotPotatoes/index.htm

Gramática: El imperfecto

	HABLAR	COMER	VIVIR
Yo	HABL-ABA	COM-ÍA	VIV-ÍA
Tú	HABL-ABAS	COM-ÍAS	VIV-ÍAS
Él / ella / usted	HABL-ABA	COM-ÍA	VIV-ÍA
Nosotros/as	HABL-ÁBAMOS	COM-ÍAMOS	VIV-ÍAMOS
Vosotros/as	HABL-ABAIS	COM-ÍAIS	VIV-ÍAIS
Ellos/as, ustedes	HABL-ABAN	COM-ÍAN	VIV-ÍAN

1. Verbos irregulares: completa la tabla

	SER	IR	VER
Yo	ERA	IBA	VEÍA
Tú	ERAS	IBAS	VEÍAS
Él / ella / usted	_____	_____	_____
Nosotros/as	_____	_____	_____
Vosotros/as	_____	_____	_____
Ellos/as, ustedes	_____	_____	_____

2. Completa los espacios en blanco

a) Cuando yo *(ser)* _____ pequeña, mi madre *(tener)* _____ mucha paciencia conmigo.

b) Marta conoció a su marido cuando *(estudiar)* _____ en el extranjero.

c) Tú *(estar)* _____ en casa cuando yo llegué.

d) Antes *(poderse)* _____ fumar en espacios públicos, pero ahora no.

e) Hace 10 años mi familia y yo *(vivir)* _____ en Valencia.

f) Cuando mis padres se conocieron, *(ellos/ser)* _____ estudiantes.

g) Cuando yo *(estudiar)* _____ en Londres, *(ir)* _____ al Museo Británico todas las semanas.

h) Vosotros *(beber)* _____ mucha agua cuando *(hacer)* _____ deporte.

Nota cultural

BIENVENIDOS A LA SECCIÓN DE CULTURA ESPAÑOLA DE MI BLOG

CANCIÓN SOBRE EL TABACO:

"FUMANDO ESPERO", DE SARA MONTIEL

Fumar es un placer
genial, sensual.

Fumando espero
al hombre a quien yo quiero,
tras los cristales
de alegres ventanales.
Y mientras fumo
mi vida no consumo,
porque flotando el humo
me suelo adormecer...

(...)

Corre, que quiero enloquecer
de placer,
sintiendo ese calor
del humo embriagador
que acaba por prender
la llama ardiente del amor.

ARCHIVO DEL BLOG

▶ enero (3)
▶ febrero (3)
▶ marzo (3)
▶ abril (3)
▶ Semana Santa (3)
▼ mayo (2)

8 DE MAYO

Los españoles y el tabaco

Una cosa que me sorprende de España es que hay mucha gente que fuma, mucha más que en mi país. Los españoles son los ciudadanos europeos que más fuman, y las consecuencias son una alta incidencia de enfermedades como el cáncer, problemas de corazón y dificultades respiratorias.

A pesar de las múltiples campañas publicitarias anti-tabaco, la realidad es que el consumo de tabaco en España todavía es muy común. Los españoles empiezan a fumar cada vez más jóvenes: la media es a los 13 años. Y curiosamente, las mujeres fuman más que los hombres. Por ejemplo, el 25% de las mujeres de menos de dieciocho años fuma habitualmente, mientras que sólo un 15% de los hombres de la misma edad son fumadores. Parte del problema es el precio de los cigarrillos: España es uno de los países europeos donde el tabaco es más barato. Esto permite que los chicos muy jóvenes puedan permitirse el hábito de fumar. En mi país el tabaco es muchísimo más caro, y por eso la gente empieza a fumar a una edad más tardía.

Es difícil saber qué atrae a los jóvenes al tabaco. Muchos fumadores explican que cuando eran jóvenes sentían mucha presión social: todos sus amigos fumaban, y fumar se consideraba una actividad "de mayores". Ahora, con una adicción difícil de superar, estos fumadores necesitan ayuda médica para dejar de fumar. Mi consejo es: ¡no lo pruebes!

PUBLICADO POR SONIA WALTON A LAS 22:49

2 COMENTARIOS

Sara dijo...

Yo creo que a nadie le gusta su primer cigarrillo, así que lo mejor es no probar el segundo.

Olivier dijo...

Pues mi abuelo fuma desde los catorce años y tiene una salud de hierro. En Francia también se fuma bastante, se considera muy 'chic'.

PUBLICAR UN COMENTARIO EN LA ENTRADA

¿Verdadero o falso?

a) No se fuma tanto en España como en otros países europeos.

b) Las campañas anti-tabaco no son efectivas.

c) Los hombres fuman más que las mujeres.

d) El precio bajo del tabaco crea problemas para la sociedad.

e) Es fácil superar la presión social cuando eres joven.

Vocabulario nuevo

incidencia   media
corazón   permitirse
campañas publicitarias
no lo pruebes
superar

Actividades escritas

1. ¿Cómo era tu vida hace 5 años? Escribe una redacción explicando lo siguiente

Dónde vivías

Qué estudiabas / dónde trabajabas

Qué hacías en tu tiempo libre

Con quién vivías

Qué planes tenías para el futuro

_____
_____
_____
_____

2. Síntomas y tratamiento. Habla de tus problemas de salud, siguiendo el ejemplo

Ejemplo:

Me torcí un tobillo cuando corría por el parque. Tengo que tomar paracetamol tres veces al día y descansar mucho.

Problema	Cuándo	Tratamiento
Romperse un brazo	Tomar el sol	Tomar medicinas
Quemarse	Jugar al fútbol	Usar una crema
Coger un resfriado	Cocinar	Descansar
Coger una intoxicación alimenticia	Pasear al aire libre	Hacer una dieta equilibrada
Engordar demasiado	Comer muchas grasas	Beber mucha agua
	Comer marisco en mal estado	Comer sólo arroz durante tres días.

3. Cuando era joven… En parejas, inventad el pasado de estas personas

¿Dónde vivían cuando eran jóvenes?   ¿Qué hacían en su tiempo libre?   ¿Dónde trabajaban?   ¿A dónde viajaban en vacaciones?

_____
_____
_____
_____
_____
_____

Actividades orales

1. Comprando medicinas

El estudiante A es el farmacéutico y el estudiante B es el cliente. Guíate por estos dibujos:

Primera conversación

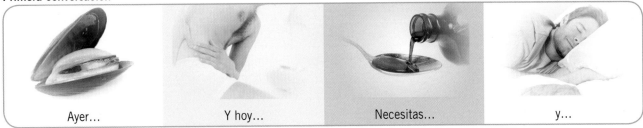

Ayer...   Y hoy...   Necesitas...   y...

Segunda conversación

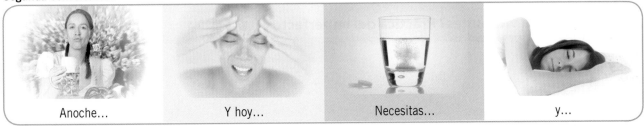

Anoche...   Y hoy...   Necesitas...   y...

Tercera conversación

El fin de semana...   Y entonces...   Necesitas...

2. En la consulta del médico

Estudiante A			Paciente
SÍNTOMAS	DIETA	HÁBITOS	EJERCICIO
- dolor de pecho - dificultades al respirar - cansancio	- comidas grasas - 1 botella de vino al día - poca verdura o fruta	- fumar 15 cigarrillos al día - trabajo muy estresante	- jugar al fútbol una vez a la semana

Estudiante B			Médico
DIAGNÓSTICO	RECOMENDACIÓN DIETA	RECOMENDACIÓN HÁBITOS	NECESITA...
- problemas de corazón	- menos grasas - menos alcohol - más verdura y fruta	- no fumar - no estresarse - ejercicio moderado	- hacer análisis de sangre - tomar medicina 3 veces/día

3. ¿Qué hacías cuando eras pequeño?

	Estudiante A	Estudiante B
¿Cómo / llamarse / tu mejor amigo?		
¿Gustar / colegio? ¿Por qué?		
¿Llevarse bien / hermanos?		
¿Tener / animales en casa?		
¿Qué / hacer / fines de semana?		
¿Qué / comprar / con tu dinero de bolsillo?		
¿Cuál / ser / programa de televisión favorito?		

Actividades auditivas

Pista 45

1. Escucha estas frases y tradúcelas a tu idioma

	Frase en español	Significado en tu idioma
a		
b		
c		
d		
e		
f		
g		

Pista 46

2. ¿Cómo era su vida antes? Práctica del imperfecto

		Antes	Ahora
	libertad		
	transporte		
	trabajo de casa		
	dinero		
	sitios para salir		
	violencia		

Paco

Lisa

Pista 47

3. ¿Qué les pasa a estas personas?

	1er paciente	2º paciente	3er paciente
síntomas			
costumbres (dieta, ejercicio, etc.)			
diagnóstico			
recomendación del médico			

Pista 48

4. ¿Qué te pasó ayer (combinación imperfecto/pretérito)? Escucha qué pasó a estos estudiantes y contesta las preguntas correspondientes

MARTA

a) ¿Por qué está tan contenta?

b) ¿Qué sabes del chico que conoció?

c) ¿Va a verlo otra vez?

MANOLO

a) ¿Por qué no entregó su trabajo en clase?

b) ¿Qué le pregunta su profesora?

c) ¿Qué excusa da Manolo?

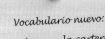
Vocabulario nuevo:
sonreir   la cartera
en vez de   denunciar
el caso es que...
de camino

116

Mis viajes

BIENVENIDOS A LA SECCIÓN DE MIS VIAJES POR CIUDADES Y PUEBLOS ESPAÑOLES

EJEMPLOS DE ARQUITECTURA MUSULMANA EN ESPAÑA:

a) La Mezquita de Córdoba
b) El Palacio de la Alhambra, en Granada, por supuesto
c) El Alcázar, la Giralda y la Torre del Oro en Sevilla
d) El Palacio de la Aljafería en Zaragoza

¿SABES QUE UNAS 4000 PALA-BRAS ESPAÑOLAS SON DE ORIGEN ÁRABE? POR EJEMPLO:

hola, azúcar, azul, alubia, arroz, jarabe, máscara... ¡y muchas más!

ARCHIVO DEL BLOG

▶ enero (3)
▶ febrero (3)
▶ marzo (3)
▶ abril (3)
▶ Semana Santa (3)
▼ mayo (3)

15 DE MAYO

La España musulmana

Este mes hay varios días festivos. Yo quería hacer un viaje por el sur de España, pero no tenía ni idea de dónde ir. Como Miguel es andaluz, me aconsejó hacer un viaje a Córdoba, porque estos días hay un concurso de los mejores patios de la ciudad. Muchas casas típicas andaluzas tienen un patio central, y alrededor de ese patio se encuentran el resto de las habitaciones de la casa. Los patios suelen estar decorados con muchas plantas y flores, y son un verdadero espectáculo. ¡Vale la pena venir para ver flores tan bonitas!

Así que he venido a Sevilla con Miguel, Petra y Sara. Sara vive en Sevilla, que está sólo a una hora de Córdoba en el tren de alta velocidad. Qué bonita es Córdoba, y qué diferente del norte de España. Aquí a veces parece que estás en un país musulmán. Miguel me explicó que los árabes vivieron casi 800 años en España, y durante parte de este tiempo Córdoba fue la capital del imperio musulmán. En el siglo X, Córdoba tenía medio millón de habitantes y era la ciudad más grande y rica del mundo occidental. Hoy en día es una ciudad de tamaño medio, pero es fácil ver la grandeza que tuvo en su momento gracias a la maravillosa arquitectura del casco viejo.

Lo pasamos muy bien estos días. Lo malo es el calor, ¡estamos a 40 grados! Para soportarlo mejor bebemos mucha agua y paseamos por la ciudad por la mañana y a última hora de la tarde. El mediodía es sólo para estar a la sombra tomando un helado. Tanto calor no puede ser sano...

PUBLICADO POR SONIA WALTON A LAS 09:30

2 COMENTARIOS

Lisa dijo...

¿Has ido a ver la Mezquita? Tiene 1000 años y es un monumento impresionante, es una de las mezquitas más antiguas y bonitas del mundo.

Olivier dijo...

¿Qué te parece el acento andaluz, Sonia? Yo lo encuentro tan difícil...

PUBLICAR UN COMENTARIO EN LA ENTRADA

Contesta estas preguntas

a) ¿Por qué decidió Sonia ir a Córdoba?
b) ¿Dónde se pueden ver muchas flores en Córdoba?
c) ¿Por qué la arquitectura en Córdoba es de estilo musulmán?
d) ¿Qué desventaja tiene Córdoba?

Vocabulario nuevo

me aconsejó — musulmán
mezquita — concurso
siglo X — soportarlo
espectáculo — grandeza
vale la pena — se nota

Lecturas

Las aventuras de Sonia

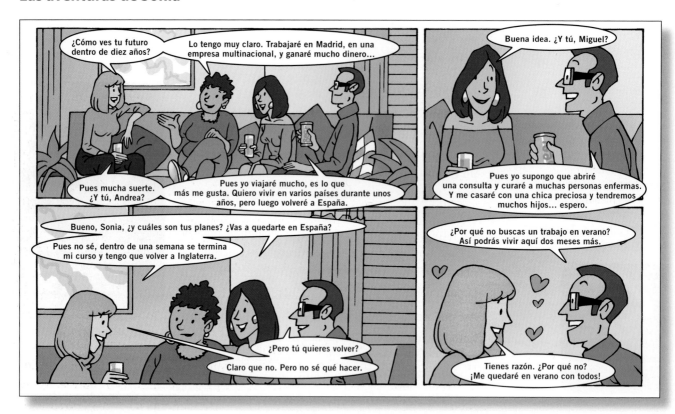

Vocabulario: **Tu horóscopo**

CAPRICORNIO	ACUARIO	PISCIS	ARIES
Salud: Tendrás problemas respiratorios este mes. **Dinero:** Ganarás una pequeña cantidad en la lotería. **Amor:** Esa persona que te atrae no es para ti, olvídala.	**Salud:** Practicarás más deporte de lo habitual, cuidado con las caídas. **Dinero:** Te preocuparás por un asunto económico. **Amor:** Conocerás a una persona extranjera esta semana, será importante en tu vida.	**Salud:** Tendrás menos energía de lo habitual: es señal de que debes hacer más ejercicio. **Dinero:** Perderás una cantidad importante de dinero por la calle. **Amor:** Una persona que no te atrae te llamará constantemente esta semana.	**Salud:** Los dientes te darán problemas este mes, reserva una cita en el dentista ahora. **Dinero:** Gastarás demasiado dinero saliendo con amigos, esto te traerá problemas. **Amor:** Discutirás con tu pareja por tonterías, no arriesgues tu relación.
TAURO	GÉMINIS	CÁNCER	LEO
Salud: Cuidado con el alcohol, te dará dolores de cabeza esta semana. **Dinero:** Podrás hacer un trabajo extra que te proporcionará un ingreso adicional. **Amor:** No tendrás suerte esta semana, mejor quédate en casa.	**Salud:** Comerás algo en mal estado que te producirá problemas de estómago. **Dinero:** No tendrás suficiente dinero para comprar las cosas que te gustan. **Amor:** Un/a pelirrojo/a interesante te declarará su amor.	**Salud:** Engordarás varios kilos este mes si no mejoras tu alimentación. **Dinero:** No necesitarás gastar mucho esta semana. **Amor:** Dos personas muy diferentes mostrarán su interés por ti. Una de ellas te traerá problemas.	**Salud:** Tendrás dificultades respiratorias como catarros, o incluso gripe. **Dinero:** Recibirás una cantidad inesperada de dinero de una persona que no conoces. **Amor:** Sentirás una fuerte atracción por una persona relacionada con tus estudios.
VIRGO	LIBRA	ESCORPIO	SAGITARIO
Salud: El estrés y el trabajo excesivo te darán problemas. **Dinero:** Intentarás ahorrar para las vacaciones, pero sin éxito. **Amor:** Descubrirás que un/a amigo/a te quiere más de lo que piensas.	**Salud:** Alguien en tu familia estará muy enfermo estos días, necesitará tu ayuda. **Dinero:** Gastarás todo tu dinero en cosas innecesarias y no podrás salir el resto del mes. **Amor:** Los celos jugarán un papel importante en tu vida afectiva esta semana.	**Salud:** Intentarás perder peso, pero los dulces te tentarán demasiado. **Dinero:** Recibirás un regalo importante de un miembro de tu familia, dale las gracias. **Amor:** El jueves conocerás a una persona que te obsesionará durante mucho tiempo.	**Salud:** No tendrás ningún problema esta semana, al contrario, te sentirás lleno/a de energía. **Dinero:** Descubrirás que tienes más dinero del que piensas. **Amor:** Tu suerte cambiará este sábado, abre bien los ojos.

El Blog de Sonia

BIENVENIDOS A MI BLOG SOBRE MI AÑO DE ESTUDIOS EN ESPAÑA

MIS PROPÓSITOS PARA EL VERANO:

- ▶ Estudiaré mucho para los exámenes
- ▶ Buscaré trabajo
- ▶ Haré mucho deporte
- ▶ ¿Y tú?

EL FUTURO DE MIS AMIGOS... SEGÚN SONIA

Petra: dirigirá una empresa multinacional
Olivier: tendrá cinco hijos y vivirá en París
Sara: se convertirá en una estrella de cine
Lisa: será la próxima rectora de la universidad
Rosa: vivirá en el extranjero muchos años

ARCHIVO DEL BLOG

- ▶ febrero (3)
- ▶ marzo (3)
- ▶ abril (3)
- ▶ Semana Santa (3)
- ▶ mayo (3)
- ▼ junio (1)

3 DE JUNIO

¿Qué hago en verano?

Ya casi es verano. Todavía no tengo planes para las vacaciones, pero lo seguro es que las pasaré en España. Me da un poco de pena por no ver a mi familia, pero dentro de tres meses será septiembre y entonces tendré que volver a Inglaterra. Lo bueno de pasar aquí el verano es que me permitirá mejorar mucho el español; además, todos mis amigos estarán libres y podremos hacer un montón de cosas juntos.

Petra, Olivier y Rosa van a hacer el Camino de Santiago en julio, y me han invitado a ir con ellos. El plan es ir en tren hasta la frontera francesa y después caminar por todo el norte de España hasta llegar a Santiago. Si lo hacemos, tardaremos aproximadamente unas tres semanas. Por ejemplo, si salimos a principios de julio, después de los exámenes, llegaremos a Santiago sobre el 25 de julio, a tiempo de ver las celebraciones del día del Apóstol Santiago. ¡¡Pero no puedo imaginarme casi un mes caminando!! Para Petra es fácil, es una fanática del gimnasio, pero a mí me parece muy duro. Aunque es una idea interesante..., no sé, ¡pensaré en ella mientras me tomo un helado! ;-)

He hablado con Miguel sobre eso y él piensa que hacer el Camino de Santiago es una oportunidad única, que si no lo hago este año no lo haré nunca. En eso tiene razón. También dice que si me decido, ¡él vendrá con nosotros!, si no nos importa, claro. ¿¿¿Estará interesado en mí???

PUBLICADO POR SONIA WALTON A LAS 23:30

2 COMENTARIOS

Petra dijo...
¿Qué quieres decir con eso de que soy una fanática del gimnasio? Sólo voy 7 días a la semana. ¡No seas vaga y ven con nosotros!

Isabel dijo...
Pues claro que tienes que hacer el Camino, mujer. Yo lo hice hace dos años y fue una experiencia fantástica. Es verdad que es cansado, pero vale la pena.

PUBLICAR UN COMENTARIO EN LA ENTRADA

Contesta estas preguntas

a) ¿Por qué quiere Sonia pasar sus vacaciones en España?
b) ¿Cuánto tiempo necesitas para hacer el Camino de Santiago?
c) ¿Por qué quiere Petra terminar el Camino el 25 de julio?
d) ¿Qué le parece a Sonia la idea de hacer el Camino?
e) ¿Qué idea propone Miguel?

Vocabulario nuevo

seguro   caminar
sitios   tiene razón
además   importar
montón

1. ¿Cómo van a celebrar su cumpleaños?

Leo:
La semana que viene voy a cumplir 30 años. Como es un cumpleaños especial, voy a ir de viaje con mis amigos. En total seremos 10 personas, y vamos a pasar una semana en Barcelona, en un hotel precioso que hay cerca del centro. Vamos a comer y beber como locos, y por la noche iremos de copas hasta muy, muy tarde.

Sandra: No voy a hacer nada especial, porque la verdad es que no me gusta celebrar mis cumpleaños. Lo único que voy a hacer es una comida familiar, con mis padres, hermanos y algún amigo cercano. Después de la cena iremos al cine a ver alguna película, o iremos a casa para charlar un rato. Como digo, nada especial.

Pablo:
Voy a celebrar mi cumpleaños en el hospital, ¿puedes creerlo? Tengo que pasar un mes entero aquí, porque tuve un accidente la semana pasada y necesito recuperarme. No sé qué voy a hacer exactamente. Mis amigos van a venir y dicen que van a darme una gran sorpresa... el problema es que mi familia también va a visitarme ese día y no sé si les gustará la sorpresa de mis amigos.

2. Y tú, ¿cómo vas a celebrar tu próximo cumpleaños?

Cuestionario: ¿Qué pasará dentro de 20 años?

1. ¿Tendrás buena salud dentro de 20 años?
a) Claro, estaré en perfecta forma física, porque haré deporte todos los días antes de ir a trabajar.
b) Regular. Mi dieta no será la mejor del mundo y veré demasiado la televisión.
c) Bastante mala. Fumaré y beberé en exceso, además, prácticamente no haré deporte.

2. En cuanto a tu situación profesional…
a) Trabajaré en un campo a un alto nivel, tendré gran prestigio profesional.
b) Tendré un trabajo más o menos estable, no el ideal, pero por lo menos podré pagar las facturas.
c) Estaré desempleado, sin casa propia, viviendo de las ayudas del Estado.

3. Tu situación sentimental será…
a) Fabulosa. Estaré casado/a y todavía muy enamorado de mi pareja.
b) Más o menos buena. Tendré pareja estable, aunque probablemente no la querré como antes.
c) Un desastre. Iré de relación en relación sin encontrar a la pareja de mis sueños.

4. ¿Cómo será tu círculo de amistades?
a) Muy bueno. Tendré muchos amigos, que además vivirán cerca de mí y podremos vernos a menudo.
b) Aceptable. Tendré un par de buenos amigos y además algunos conocidos para salir de vez en cuando.
c) Inexistente. Pero no me importa, porque dentro de 20 años las relaciones serán sólo por ordenador.

5. ¿Dónde vivirás dentro de 20 años?
a) En una gran ciudad, probablemente en un apartamento lujoso con todas las comodidades.
b) En un pueblo, en una casa de tamaño medio, cómoda pero sin grandes lujos.
c) Debajo de un puente.

Resultados:

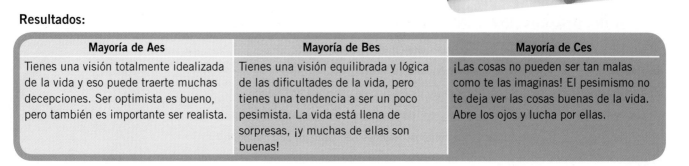

Mayoría de Aes	Mayoría de Bes	Mayoría de Ces
Tienes una visión totalmente idealizada de la vida y eso puede traerte muchas decepciones. Ser optimista es bueno, pero también es importante ser realista.	Tienes una visión equilibrada y lógica de las dificultades de la vida, pero tienes una tendencia a ser un poco pesimista. La vida está llena de sorpresas, ¡y muchas de ellas son buenas!	¡Las cosas no pueden ser tan malas como te las imaginas! El pesimismo no te deja ver las cosas buenas de la vida. Abre los ojos y lucha por ellas.

Gramática: **El futuro**

1. Verbos regulares

	HABLAR	COMER	VIVIR
Yo	HABLAR-É	COMER-É	VIVIR-É
Tú	HABLAR-ÁS	COMER-ÁS	VIVIR-ÁS
Él / ella / usted	HABLAR-Á	COMER-Á	VIVIR-Á
Nosotros/as	HABLAR-EMOS	COMER-EMOS	VIVIR-EMOS
Vosotros/as	HABLAR-ÉIS	COMER-ÉIS	VIVIR-ÉIS
Ellos/as, ustedes	HABLAR-ÁN	COMER-ÁN	VIVIR-ÁN

2. Completa los espacios en blanco

a) Marcos *(terminar)* _____ sus estudios el año que viene.

b) Yo *(casarse)* _____ con mi novio dentro de dos años.

c) Los estudiantes *(empezar)* _____ sus clases dentro de diez minutos.

d) Tú *(conocer)* _____ a una persona famosa la semana que viene.

e) Nosotros *(perder)* _____ el bus si no salimos de casa ahora mismo.

3. Verbos irregulares. Completa esta tabla

	DECIR	HABER	HACER	PODER	QUERER	SALIR	TENER	VENIR
Yo	diré	habré	haré	podré	querré	saldré	tendré	vendré
Tú	dirás	habrás	harás	podrás	querrás	saldrás	tendrás	vendrás
Él / ella / usted								
Nosotros/as								
Vosotros/as								
Ellos/as, ustedes								

4. Futuro próximo: *IR A* + INFINITIVO

Ejemplo:

Gabriel va a lavar el coche por la tarde.

a) Montse y yo *(hacer)* _____ un maratón el mes que viene.

b) ¿*(Tú/ir)* _____ a la fiesta de Nuria esta tarde?

c) Alfonso *(solicitar)* _____ un puesto de médico de cabecera en Cuenca.

d) Los hermanos de Sole *(viajar)* _____ por Latinoamérica durante dos meses.

e) Yo *(salir)* _____ dentro de cinco minutos, ¿puedes llamarme en otro momento?

f) ¿*(Vosotros/comprar)* _____ un regalo a Jaime por su cumpleaños?

Nota cultural

BIENVENIDOS A LA SECCIÓN DE CULTURA ESPAÑOLA DE MI BLOG

¡SUPERSTICIONES!

TRAE MALA SUERTE...
- Romper un espejo
- Abrir el paraguas en casa
- Ver un gato negro
- Pasar bajo una escalera
- El día martes 13

TRAE BUENA SUERTE...
- Derramar vino en la mesa
- Tocar madera
- Cruzar los dedos
- Frotar una pata de conejo
- Que llueva el día de tu boda

ARCHIVO DEL BLOG
- ▶ febrero (3)
- ▶ marzo (3)
- ▶ abril (3)
- ▶ Semana Santa (3)
- ▶ mayo (3)
- ▼ junio (2)

24 DE JUNIO

La noche de San Juan

La noche del 23 de junio se conoce como noche de San Juan, y es una noche cargada de connotaciones mágicas. Es la noche más corta del año, y en muchos pueblos y ciudades españolas hay celebraciones con un elemento común: el fuego.

Miguel me explicó que las celebraciones de San Juan tienen origen pagano, y en ellas lo usual es encender hogueras en las playas o en las plazas de los pueblos alrededor de las 12 de la noche. En algunas partes de España, como en Alicante, estas hogueras están formadas por figuras de madera o cartón, pero en el resto del país lo normal es quemar objetos viejos. En muchas zonas, una tradición importante es saltar la hoguera cuando el fuego pierde su intensidad. Esto es una antigua demostración de virilidad, y lleva la buena suerte a la persona que la salta. Otra antigua tradición de esta noche es el baño de nueve olas. Esto es un rito relacionado con la fertilidad, en el que las mujeres se meten en el mar y esperan a que nueve olas pasen sobre ellas. También se cree que este baño atrae el amor para las mujeres solteras.

Miguel me llevó a ver una hoguera en una playa increíble que hay cerca de Santiago. Esta playa, que se llama Area Longa, tiene unos restos prehistóricos muy bien conservados sobre unas rocas que están muy cerca del mar. Es un lugar verdaderamente mágico, especialmente por la noche a la luz de las estrellas y del fuego. Miguel saltó la hoguera igual que los otros chicos, ¡está loco! Después todos nos bañamos en el mar: el final de una noche perfecta.

PUBLICADO POR SONIA WALTON A LAS 22:56

2 COMENTARIOS

Petra dijo...

Está claro que con ese chico aprendes mucha cultura española... casi tienes nivel de Máster.

Olivier dijo...

Pero vamos a ver, ¿vosotros dos cuándo vais a tener una conversación sobre vuestra "situación"? Esto no es normal...

PUBLICAR UN COMENTARIO EN LA ENTRADA

Contesta estas preguntas

a) ¿Qué se suele hacer durante la noche de San Juan?

b) ¿Por qué a veces se saltan las hogueras de San Juan?

c) ¿Qué es el baño de las nueve olas?

d) ¿Qué tiene de especial la playa donde Miguel y Sonia vieron la hoguera de San Juan?

e) ¿Por qué dice Sonia que Miguel está loco?

Vocabulario nuevo:

cargado   saltar
hoguera   misa
cartón   festejo
quemar
restos prehistóricos

Actividades escritas

1. Otras fiestas españolas

Mira estas fotos, corresponden a dos fiestas españolas muy conocidas. Haz una búsqueda por internet y escribe una redacción explicando en qué consisten: a) origen, b) descripción de la fiesta, c) dónde y cuándo tienen lugar, d) número de personas que suelen visitar estas fiestas, e) tu opinión personal.

a) La tomatina

_____

_____

_____

_____

_____

b) Las fallas

_____

_____

_____

_____

_____

2. Responde a este e-mail de Sonia

Enviar   Chat   Adjuntar   Agenda   Tipo de letra   Colores   Borrador   **Navegador de fotos   Mostrar plantillas**

Para: ¿?
Cc:
Asunto:
De: Planes para después de tus estudios   Firma: Ninguna

¡Hola!

Soy Sonia y, como tú, soy una estudiante de español. Tengo muchas dudas con respecto a mi futuro, ¿qué me aconsejas? Por un lado, si me quedo en España después de mis estudios, podré seguir viviendo con mis amigos, y en un país que me encanta. Por otro lado, si vuelvo a Inglaterra tendré más oportunidades profesionales. No sé qué hacer, ¡necesito tu consejo! Mil gracias:

Irina

_____

_____

_____

3. ¿Cómo será tu hijo/a?

Imagínate que dentro de unos años tienes un hijo. ¿Cómo te imaginas que será? Utiliza el futuro.

hábitos   personalidad _____

_____

datos de su
nacimiento (día,
peso, etc.) _____

_____

aspecto físico _____

4. Predecir el futuro. Actividad para toda la clase

Escribe en una hoja el futuro imaginario de una persona anónima, concentrándote en los aspectos de salud, dinero y amor. El profesor recogerá todas las hojas y las repartirá al azar. ¡Podrás leer qué te espera en el futuro!

Actividades orales

1. ¿Qué van a hacer el año que viene?

Completa el recuadro con la información de tu compañero, utilizando formas de futuro.

	PLANES		PLANES
Rosa	Buscar trabajo relacionado con estudios. Visitar a Sonia en Inglaterra. Ayudar más a sus padres en casa.	Rosa	
Miguel	Ir al gimnasio tres veces por semana. Julio-agosto: estudiar inglés en serio. Navidad: viaje a un país extranjero.	Miguel	
Petra		Petra	Estudiar menos y divertirse más. Septiembre: ver más a amigos alemanes. Semana Santa: Visitar a Olivier en Francia.
Martín		Martín	Empezar una dieta sana. Hacer más ejercicio. Dejar de beber y de fumar.
La madre de Juan	Enero: empezar un cursillo de informática. Aprender cocina francesa. Discutir menos con su marido.	La madre de Juan	
Roberto		Roberto	Hacer un curso de informática. Ir a la biblioteca más a menudo. Comprar un coche nuevo.
Eduardo	Buscar novia. Casarse. Tener un hijo.	Eduardo	
Luisa		Luisa	Poner la casa a la venta. Trasladarse a Tailandia. Vivir sin trabajar el resto del año.

2. Un viaje por España. Inventa un itinerario y descríbeselo a tu compañero, quien tiene que reproducirlo en el segundo mapa: Ejemplo: *Empezaré el viaje en Oviedo. Después iré en coche hasta...*

Estudiante A   Estudiante B

3. Debate en grupos. Dentro de cien años... ¿Estáis de acuerdo con estas afirmaciones?

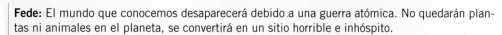

Fede: El mundo que conocemos desaparecerá debido a una guerra atómica. No quedarán plantas ni animales en el planeta, se convertirá en un sitio horrible e inhóspito.

Karen: Creo que la vida será mucho más fácil gracias a los avances tecnológicos: tendremos coches voladores y podremos ir de viaje a la luna y a otros planetas. La gente podrá comunicarse con extraterrestres. ¡Qué pena no poder verlo!

Ramona: Dentro de 100 años la gente abandonará las ciudades debido al avance de enfermedades contagiosas. La gente vivirá en el campo, pero sin mucho contacto social. El mundo ya no será un sitio agradable para vivir.

Kazuo: La vida será muy parecida en el futuro: la gente irá a trabajar, se enamorará y creará sus familias, querrá irse de vacaciones a lugares exóticos y vivirá con las mismas preocupaciones que hoy.

Actividades auditivas

Pista 49

1. Planes para el verano

	PLANES PARA EL VERANO	ASPECTOS POSITIVOS	ASPECTOS NEGATIVOS
Francisco			
Elena			
Luis			

Pista 50

2. ¿Cómo te ves dentro de diez años? Verdadero o falso

	V	F

MATEO

a) A Mateo le gustan los niños.

b) Cree que va a trabajar vendiendo coches.

c) Su mujer será una compañera de trabajo.

d) Montse tiene esperanzas de un futuro mejor.

e) Cree que no va a tener buenas oportunidades profesionales.

MONTSE f) Su vida social actual es muy limitada.

g) Begoña va a trabajar en un campo relacionado con sus estudios actuales.

h) Su futuro trabajo será un obstáculo para conocer a nuevas personas.

BEGOÑA

Vocabulario nuevo

cajera   estar en paro
ejecutiva despedida
boda   está mintiendo

Pista 51

3. Las cartas del Tarot. Identifica los errores entre las predicciones de las cartas y la realidad

Marisa Bermúdez: la realidad.

_____

Actualidad: trabaja como cajera en un supermercado, no tiene novio desde hace cinco años.

_____

Año que viene: trabaja como limpiadora en un hospital. Conoce al Dr. Amadeo Sartorio, que es un médico muy rico y famoso, aunque muy poco atractivo. Empiezan una relación y se casan en Navidad.

Héctor Díaz: la realidad.

_____

Actualidad: trabaja como administrativo en una empresa de márketing. Casado, sin hijos.

_____

Año que viene: pierde su trabajo, se divorcia. Conoce a una mujer millonaria y se vuelve a casar. No necesita trabajar el resto de su vida.

_____

Pista 52

4. Festividades en América Latina. Escucha esta información sobre el Día de los Muertos y el Día de la Raza, y escribe un resumen en tu idioma

Vocabulario nuevo

adornado   tiene lugar
ofrenda   reunirse
calavera   sin embargo
fallecido
descubrimiento

Mis viajes

BIENVENIDOS A LA SECCIÓN DE MIS VIAJES POR CIUDADES Y PUEBLOS ESPAÑOLES

¿QUÉ NECESITAS PARA IR DE CAMPING?

- Un saco de dormir
- Una tienda de campaña
- Utensilios para cocinar
- Ropa fresca y cómoda
- Repelente para los mosquitos

LO PRIMERO QUE HACES EN EL CAMPING ES...

- Montar la tienda
- Dar un paseo por las instalaciones
- Hablar con otros campistas
- Abrir una lata de cerveza

ARCHIVO DEL BLOG

- ▶ febrero (3)
- ▶ marzo (3)
- ▶ abril (3)
- ▶ Semana Santa (3)
- ▶ mayo (3)
- ▼ junio (3)

25 DE JUNIO

Los Picos de Europa

Al final he decidido hacer el Camino de Santiago... ¡espero no arrepentirme! Y como no voy a pasar este verano en mi país, mi madre y mi hermana han decidido venir de visita. Han llegado hoy y estarán aquí una semana. Es genial, la verdad es que echo mucho de menos a mi familia y es fantástico pasar tiempo enseñándoles la ciudad y charlando de nuestras cosas. Les encanta España y todo lo español, y las dos también piensan que la idea de hacer el Camino es fantástica.

El martes iremos a los Picos de Europa: es un parque nacional precioso y sé que a mi madre le va a gustar mucho. Le encanta dormir al aire libre y estar en contacto con la naturaleza, así que vamos a quedarnos en un cámping y hacer mucho senderismo. Tendremos que alquilar un coche para llegar hasta el cámping, porque el transporte público no es muy bueno en las zonas rurales. Pero después iremos a pie a todas partes. ¡Será un buen entrenamiento para el Camino de Santiago!

Nos quedaremos en el cámping Las Gaviotas, que nos recomendó Andrea: la situación es ideal porque tiene unas vistas fantásticas a los Lagos de Covadonga. Desde allí podemos hacer senderismo por diferentes rutas por zonas de gran belleza natural. También queremos probar la comida regional, que es muy buena. Por ejemplo, en esa zona la fabada es uno de los platos más conocidos: es una especie de estofado delicioso hecho con alubias y carne de cerdo. Y la sidra también es típica. ¡Beberemos unos cuántos litros!

PUBLICADO POR SONIA WALTON A LAS 02:00

2 COMENTARIOS

Lisa dijo...

No he estado nunca en los Picos de Europa, pero todos mis amigos dicen que es un parque natural precioso.

Sara dijo...

Suerte en el cámping, he visto la predicción meteorológica y dice que la semana que viene va a hacer mucho calor. ¡Qué suerte! Es horrible estar en un camping con mal tiempo.

PUBLICAR UN COMENTARIO EN LA ENTRADA

Contesta estas preguntas

a) ¿Por qué han venido la madre y hermana de Sonia a Santiago?

b) ¿Por qué van a ir a los Picos de Europa de viaje?

c) ¿Qué van a hacer en los Picos de Europa?

d) ¿Por qué dice Sonia que este viaje va a ser un buen entrenamiento para el Camino de Santiago?

e) ¿Qué dice Sonia sobre la gastronomía de esta parte de España?

Vocabulario nuevo

charlando   estofado
enseñando   alubias
arrepentirme
hacer senderismo
entrenamiento
unos cuantos

Lecturas

Las aventuras de Sonia

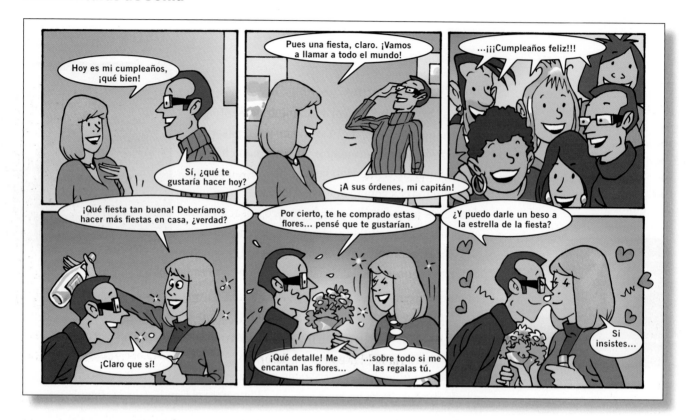

Vocabulario

Fíjate en estas frases. ¿Qué reacción es más adecuada para las situaciones que se mencionan?

a) ¡Qué tontería!

b) ¡Qué injusto!

c) ¡Qué cara!

d) ¡Qué horror!

e) ¡Qué vergüenza!

f) ¡Qué detalle!

1. ¡He visto un accidente terrible en la calle!

2. Marta gana menos dinero que Pedro, pero hace el mismo trabajo.

3. Mi hermana siempre usa mi ropa sin mi permiso.

4. Ayer fui a la peluquería y, cuando iba a pagar, no tenía dinero.

5. Mis hermanos me regalaron el vestido para mi boda.

6. He visto un elefante volando por la calle.

El Blog de Sonia

BIENVENIDOS A MI BLOG SOBRE MI AÑO DE ESTUDIOS EN ESPAÑA

¿EL AMOR HACE SUFRIR?

a) ¡Claro que no! Te hace muy feliz
b) A veces sí, si dudas de tu pareja
c) Si eres muy celoso/a sufres mucho
d) Sí, mucho, si no eres correspondido
e) El amor de verdad no existe

EL AMOR...

a) Es maravilloso, como en las películas
b) Es como un huracán: intenso, pero breve
c) Es como un árbol, que crece fuerte, pero lento
d) Es como una carrera de obstáculos
e) ¡Ni idea!

ARCHIVO DEL BLOG

► marzo (3)
► abril (3)
► Semana Santa (3)
► mayo (3)
► junio (3)
▼ julio (1)

3 DE JULIO

Miguel y yo

¡Atención, atención, atención! Tengo unas noticias súper importantes: ¡Miguel me ha besado! ¡En público, al puro estilo español! Primero me miró con esos ojos tan bonitos que tiene y luego, sin más, me dio un beso. No me lo puedo creer: estoy flotando en una nube. El problema es que no hablamos las cosas, y claro, como es mi compañero de piso, en estos momentos la situación es un poco rara.

¿Qué creéis que va a pasar ahora? ¿Somos novios o no? Lo raro es que hace dos días que no me habla, ¿qué le pasa? Supongo que simplemente está un poco incómodo. ¿O será que no está interesado en mí? No sé, los hombres son tan raros... Debería hablar con él y aclarar la situación. ¡Pero qué vergüenza si hablo con él y me dice que el beso no significa nada!

Lo malo es que mañana nos vamos hasta la frontera francesa para empezar el Camino de Santiago... tres semanas juntos, día y noche, qué horror. Y encima no voy a estar nada guapa, porque obviamente vamos a caminar muchas horas al día y no puedo llevar maquillaje ni tener el pelo perfecto. Estaré resoplando, sudando, roja como un tomate por el esfuerzo... no muy sexy precisamente... ¡¡¡No quiero ir!!!

PUBLICADO POR SONIA WALTON A LAS 03:22

4 COMENTARIOS

Olivier dijo...

¡Felicidades por lo de Miguel, chica, ya era hora! No te preocupes por el Camino, ¡tú siempre estás guapa!

Petra dijo...

¡¡¡¡Por fin!!!! ¿Vas a llevar los zapatos de tacón mañana?

Sara dijo...

¡Qué bien, un novio español! Es lo mejor para dominar el idioma. ;-)

Rosa dijo...

Fantástico, Sonia, me alegro mucho por ti. Estoy segura de que todo saldrá bien.

PUBLICAR UN COMENTARIO EN LA ENTRADA

Contesta estas preguntas

a) ¿Cómo se siente Sonia después del beso de Miguel?
b) ¿Por qué la situación entre ellos es un poco incómoda ahora?
c) ¿Qué dudas tiene Sonia?
d) ¿Qué crees que es lo mejor que puede hacer Sonia?
e) ¿Qué dice Sonia en el último párrafo?

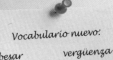

Vocabulario nuevo:

besar   vergüenza
sin más   y encima...
aclarar   resoplando
supongo que   sudando

1. ¿Eres ecológico? ¿Qué actitud se parece más a la tuya, y por qué?

Teo:
Es fundamental tener
una actitud respetuosa con el medio
ambiente. Mi familia y yo reciclamos todo lo
que podemos, cultivamos nuestras propias verduras
en nuestra huerta y usamos bicicletas en vez de
coches. Todas las familias tendrían que hacer
lo mismo: así el mundo sería un
sitio mejor.

Blanca:
La verdad es que debería
ser más ecológica, pero es difícil cuando
tienes niños pequeños en casa. Suelo reciclar
papel y vidrio, pero eso es todo. Me gustaría reciclar
plástico también, pero no hay contenedores cerca
de mi casa. El ayuntamiento debería poner
contenedores en toda la ciudad.

Borja:
A mí me parece que todas
las teorías ecológicas sobre el efecto del
hombre en el medio ambiente son una tontería.
No se puede negar que el cambio climático es real,
pero no es resultado de la actividad humana. El clima
del planeta ha cambiado desde hace millones de años,
incluso cuando la raza humana no existía. No
deberíamos perder el tiempo escuchando
estas teorías alarmistas.

¿Qué cosas se pueden reciclar?	¿Cómo se reciclan?	¿Por qué es importante reciclar?
El vidrio El papel Las latas Las pilas El plástico La basura biodegradable	Llevándolas a un contenedor de papel, etc. Haciendo compost	Para evitar la contaminación Porque el exceso de basura daña el medio ambiente Para proteger los animales y las plantas

Recuerda el lema de los ecologistas: REUSAR, RECICLAR, REUTILIZAR

EXPRESIONES ÚTILES

- **Cuanto más/menos ... más/menos**

Ej.: *Cuanto más energía usamos, más dañamos el planeta.*

Cuanto menos consumimos, menos contaminamos.

- **Cada vez más/menos**

Ej.: *Cada vez hay más contaminación en las zonas urbanas*

Hay cada vez menos personas que no reciclan papel.

2.   Frases de sabiduría popular: tradúcelas a tu idioma:

a) Cuanto más conozco a las personas, más quiero a los animales. _____

b) Cuando más dura es la tarea, más brillante es el éxito. _____

c) Abogado, juez y doctor: cuanto más lejos, mejor. _____

d) Cuanto más estudio, más sé. _____

Cuanto más sé, más olvido. _____

Cuanto más olvido, menos sé. _____

Entonces, ¿para qué estudio? _____

Gramática: **El condicional simple**

1. Verbos regulares: la misma terminación verbal para las tres conjugaciones

	HABLAR	COMER	VIVIR
Yo	HABLAR-ÍA	COMER-ÍA	VIVIR-ÍA
Tú	HABLAR-ÍAS	COMER-ÍAS	VIVIR-ÍAS
Él / ella / usted	HABLAR-ÍA	COMER-ÍA	VIVIR-ÍA
Nosotros/as	HABLAR-ÍAMOS	COMER-ÍAMOS	VIVIR-ÍAMOS
Vosotros/as	HABLAR-ÍAIS	COMER-ÍAIS	VIVIR-ÍAIS
Ellos/as, ustedes	HABLAR-ÍAN	COMER-ÍAN	VIVIR-ÍAN

2. Elige la forma correcta del condicional

a) *(Tú / deber)* _____ estudiar más si quieres aprobar los exámenes.

b) ¡Qué rica está la comida! *(Yo/comer)* _____ más, pero estoy lleno.

c) La película de ayer fue estupenda. Nosotros la *(ver)* _____ otra vez.

d) Por verte otra vez, *(yo /ir)* _____ al fin del mundo.

e) Estoy enfadadísima con mi novio, es un idiota. ¡Lo *(matar)* _____!

f) Mis amigos *(casarse)* _____, pero no tienen dinero para celebrar una boda.

g) Si vosotros bebierais menos cerveza, *(perder)* _____ un par de kilos por lo menos.

h) Usted *(ganar)* _____ la competición fácilmente, ¡tiene que apuntarse!

3. Verbos irregulares. Completa esta tabla

	DECIR	HABER	HACER	PODER	QUERER	SALIR	TENER	VENIR
Yo	diría	habría	haría	podría	querría	saldría	tendría	vendría
Tú	dirías	habrías	harías	podrías	querrías	saldrías	tendrías	vendrías
Él / ella / usted	_____	_____	_____	_____	_____	_____	_____	_____
Nosotros/as	_____	_____	_____	_____	_____	_____	_____	_____
Vosotros/as	_____	_____	_____	_____	_____	_____	_____	_____
Ellos/as, ustedes	_____	_____	_____	_____	_____	_____	_____	_____

Nota cultural

BIENVENIDOS A LA SECCIÓN DE CULTURA ESPAÑOLA DE MI BLOG

LA GENTE HACE EL CAMINO...

a) Para reflexionar sobre su vida personal
b) Porque le gustan las vacaciones activas
c) Por motivos religiosos
d) Por motivos puramente turísticos

SI HICIERA EL CAMINO OTRA VEZ...

a) Me prepararía mejor físicamente
b) Compraría un buen mapa
c) Llevaría un calzado más adecuado
d) Iría más despacio para ver más cosas
e) Hablaría más con la gente de la zona

ARCHIVO DEL BLOG

▶ marzo (3)
▶ abril (3)
▶ Semana Santa (3)
▶ mayo (3)
▶ junio (3)
▼ julio (2)

30 DE JULIO

El Camino de Santiago

Cinco días después de terminar el Camino, ya he podido descansar y ahora me siento como nueva. Después de estas tres semanas maravillosas, me parece casi obligatorio explicar un poco qué es el Camino de Santiago y hablar de su historia. ¡Espero que os resulte interesante!

Según la leyenda, el apóstol Santiago está enterrado en la catedral de Santiago de Compostela. Por este motivo, la ciudad es uno de los centros de peregrinación más conocidos del mundo cristiano. Desde el siglo XI, miles de peregrinos al año han recorrido los cientos de kilómetros que separan Roncesvalles, en Francia, de Santiago, aunque en realidad el Camino se puede comenzar en cualquier punto de esta ruta. Al hacer el trayecto, los peregrinos recorren el norte de España, pasando por pueblos preciosos, lugares de interés histórico y disfrutando de la gastronomía y del verde paisaje de las regiones del norte de España.

Para ser considerado peregrino, es necesario hacer el Camino a pie, en bicicleta o a caballo. Al llegar a Santiago, los peregrinos reciben una concha de vieira, el símbolo del peregrino santiagués. ¡También se descuentan 300 años en el purgatorio! El Camino, curiosamente, no termina en la ciudad de Santiago. Se extiende unos ochenta kilómetros hasta Finisterre, que es el punto más occidental de la Península Ibérica. Como su nombre indica, "Finisterre" marca 'el fin de la tierra'. Cuando los peregrinos llegan a este punto, la tradición ordena quemar la ropa y nadar en las preciosas playas de la zona, para purificar el cuerpo y el alma.

PUBLICADO POR SONIA WALTON A LAS 12:02

1 COMENTARIO

Lisa dijo...
¿Cuándo vas a poner las fotos en Facebook? Estoy deseando verlas.

PUBLICAR UN COMENTARIO EN LA ENTRADA

Contesta estas preguntas

a) ¿Por qué Santiago es un centro de peregrinación tan importante?
b) ¿Qué hay de interés en el Camino?
c) ¿Qué significado tiene Finisterre en el Camino de Santiago?
d) Según la tradición, ¿qué hacen los peregrinos al llegar a Finisterre?

Vocabulario nuevo:

¡allá voy!   trayecto
leyenda   concha
enterrado   vieira
recorrer   purgatorio

Actividades escritas

1.   La bolsa de la basura. ¿Qué cosas no deberían estar aquí, y por qué?

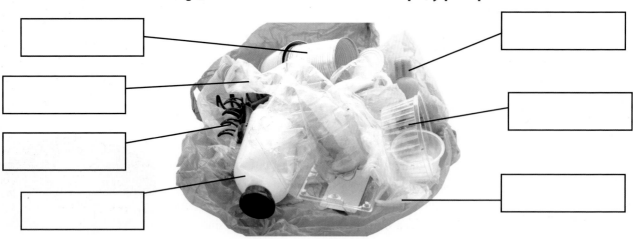

2.   Un año recorriendo América Latina. Piensa en el recorrido y en lo que harías

_____
_____
_____
_____
_____
_____
_____
_____
_____
_____
_____
_____

3.   Querida Mari Pili. Responde a la carta de este lector preocupado

Querida Mari Pili:

No sé qué hacer. Voy a terminar mis estudios universitarios el año que viene, y mi sueño es vivir un año en Argentina. El problema es que no tengo mucho dinero, y que en mi campo de estudios es difícil encontrar trabajo. Por suerte (o por desgracia) me han ofrecido un trabajo bien pagado en una empresa de mi país. Ese trabajo resolvería todos mis problemas económicos, que no son pocos y me preocupan mucho. Además, es un puesto que me abriría muchas puertas para mi carrera profesional, porque es una empresa multinacional muy respetada en su campo y con muchas posibilidades profesionales.

El problema es que si fuera a Argentina, perdería la posibilidad de este trabajo tan bueno. Pero tendría la posibilidad, quizá por única vez en mi vida, de conocer el país y sus gentes. Un amigo mío me daría trabajo en su bar. No ganaría mucho dinero, pero podría sobrevivir sin demasiados problemas y el dinero sería suficiente para viajar por el país.

No sé qué hacer. ¿Qué harías tú?

Un saludo de un lector

Actividades orales

1. Pide estas cosas a tu compañero de manera educada

Ejemplo: *Perdona, ¿podrías...? ¿Te importaría...?*

Prestarte el libro _____

Decirte a qué hora es el examen_____

Explicarte qué significa esa palabra_____

Dejar de fumar_____

Abrir la puerta _____

Hablar más despacio _____

Prestarte 50 euros _____

2. Cuestionario. ¿Qué harías si...?

Ejemplo: *"¿Qué harías si tu novio besara a tu mejor amiga?"*

"No le daría importancia"

	No darle importancia	Hablar con él/ella	Preocuparse	Enfadarse	Matarlo/a
Tu novio besara a tu mejor amiga					
Tu perro comiera tu trabajo de clase					
Tu hermano no hablara contigo desde hace 1 año					
Tu profesor siempre te ignorara					
Tu padre robara bancos					
Tu madre quisiera ser modelo					
Tu abuela se dedicara al tráfico de drogas					
La madre de tu novio te llamara por teléfono todos los días					
Tu vecina vigilara todos tus movimientos					

3. ¿Tú qué harías en mi lugar?

Estudiante A

PRIMERA SITUACIÓN

Estás muy estresado/a. Tienes muchos exámenes y te resulta muy difícil estudiar por las noches. Además, tienes problemas económicos. La mejor manera de aliviar tu estrés es salir de vez en cuando con tus amigos, para ti es algo importante.

Estudiante B

PRIMERA SITUACIÓN

Tú sabes que el estudiante A sale demasiado, por lo menos 3 veces por semana. Bebe mucho con los amigos, y al día siguiente obviamente no se siente bien. Además, compra mucha ropa. Tú crees que no actúa de forma responsable.

Estudiante B

SEGUNDA SITUACIÓN

Estás muy enamorado/a de tu novio, pero el problema es que tu estancia en España se termina, y tienes que volver a tu país. Tu novio/a te dice que no le gustan las relaciones a distancia y te presiona para quedarte. El problema es que en España no tienes buenas oportunidades laborales para tu campo, y en tu país sí. Pídele consejo al Estudiante B.

Estudiante A

SEGUNDA SITUACIÓN

No te gusta nada el/la novio/a del Estudiante B. Es una persona muy celosa y posesiva, y no piensa en lo mejor para su pareja. Tú crees que esa relación no tiene futuro.

Actividades auditivas

Pista 53

1. **¿Cuáles son los grandes problemas ecológicos de España?**

Mónica

Arturo

Susana

Pista 54

2. **¿Te gustaría ser millonario?**

	¿sí / no?	¿por qué?
1ª persona		
2ª persona		
3ª persona		
4ª persona		

Pista 55

3. **Sólo cinco euros... ¿Qué haría Carlos con sólo cinco euros para el fin de semana? Rellena su lista de la compra**

LISTA DE LA COMPRA
¡SÓLO 5 EUROS!

Comida: _____

Bebida: _____

Tiempo libre: _____

Pista 56

4. **¿Qué podríamos hacer para ser más ecológicos?**

	solución	¿por qué?	¿cómo?
a			
b			
c			
d			

Mis viajes

BIENVENIDOS A LA SECCIÓN DE MIS VIAJES POR CIUDADES Y PUEBLOS ESPAÑOLES

EL CAMINO ES ESTUPENDO PORQUE:

▶ Los albergues son baratos
▶ Los peregrinos comparten cosas
▶ El paisaje es espectacular
▶ La comida local está riquísima

EL CAMINO ES TERRIBLE PORQUE:

▶ A veces hace mucho calor durante el día
▶ Los pies te duelen muchísimo
▶ Es fácil quedarse sin ropa limpia
▶ De noche hay bastantes mosquitos

ARCHIVO DEL BLOG

▶ marzo (3)
▶ abril (3)
▶ Semana Santa (3)
▶ mayo (3)
▶ junio (3)
▼ julio (3)

25 DE JULIO

Mi experiencia en el Camino

¡Por fin puedo actualizar mi blog! No he podido utilizar el ordenador durante las semanas que he estado fuera de Santiago, ¡lo siento! Acabamos de llegar: estoy agotada, me duelen los pies, hace tres días que no me ducho… pero estoy tan contenta de haber terminado el Camino. Estas han sido unas vacaciones totalmente diferentes. Nos alojábamos en albergues especiales para peregrinos, donde conocimos a gente de todo el mundo. Normalmente nos levantábamos por la mañana temprano, para evitar el calor. Andábamos cuatro horas y después hacíamos un descanso para comer y echar una siesta.

Después caminábamos dos o tres horas más por la tarde. De noche, cenábamos con los otros peregrinos, compartiendo historias y anécdotas, comparando las heridas de los pies y recomendando cremas milagrosas para curarlas.

La verdad es que al principio fue un poco difícil, en parte por el cansancio y en parte porque la situación con Miguel era incómoda para todos. Pero pasar tanto tiempo juntos nos obligó a hablar y a ser sinceros el uno con el otro. Me dijo que estaba enamorado de mí desde el principio, pero creía que yo no estaba interesada… ¿podéis creerlo? ¡Cuánto tiempo perdido!

Los últimos días del Camino fueron especialmente buenos porque no hizo demasiado calor, y saber que estábamos tan cerca de Santiago nos daba mucha energía. Esta mañana vimos las torres de la catedral en la distancia, ¡qué alegría! Hemos llegado justo a tiempo para las fiestas del Apóstol Santiago, que son esta noche. Aunque estamos todos tan cansados que no sé si tendremos fuerzas para salir…

PUBLICADO POR SONIA WALTON A LAS 15:33

2 COMENTARIOS

Isabel dijo…

¡Bienvenida a Santiago! Nos vemos esta noche a las diez, no te quedes durmiendo en casa…

Sara dijo…

Yo no podría caminar tantas horas al día, ¡te mereces un buen descanso!

PUBLICAR UN COMENTARIO EN LA ENTRADA

Contesta estas preguntas

a) ¿Por qué no ha actualizado Sonia su blog en varias semanas?
b) ¿Cuántas horas caminaba al día?
c) ¿Fue el Camino fácil para Sonia?
d) ¿Qué siente Miguel hacia Sonia?
e) ¿Por qué es especial llegar a Santiago el 25 de julio?

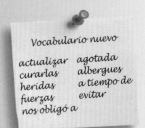

Vocabulario nuevo

actualizar — agotada
curarlas — albergues
heridas — a tiempo de
fuerzas — evitar
nos obligó a

Lecturas

Las aventuras de Sonia

Vocabulario: Educación

Apuntes
Aprobar
Suspender
Sacar buenas/malas notas
Salir bien/mal un examen

matricularse
licenciarse
resultar fácil/difícil

FIJATE !!

Ejemplo:
"Me salió muy mal el examen."
"No te preocupes: a lo mejor
no sacas buena nota, pero seguro
que apruebas."

El Blog de Sonia

BIENVENIDOS A MI BLOG SOBRE MI AÑO DE ESTUDIOS EN ESPAÑA

23 DE AGOSTO

LA CANCIÓN DE LA FIESTA DE PETRA

El adiós (de Ecos del Rocío)

Algo se muere en el alma
cuando un amigo se va.

Cuando un amigo se va
algo se muere en el alma,
cuando un amigo se va
algo se muere en el alma,
cuando un amigo se va.

Cuando un amigo se va
y va dejando una huella
que no se puede borrar,
y va dejando una huella
que no se puede borrar.

No te vayas todavía,
no te vayas por favor,
no te vayas todavía,
que hasta la guitarra mía
llora cuando dice adiós.

ARCHIVO DEL BLOG

- ▶ abril (3)
- ▶ Semana Santa (3)
- ▶ mayo (3)
- ▶ junio (3)
- ▶ julio (3)
- ▼ agosto (1)

La primera despedida

La semana que viene tengo que regresar a Inglaterra: estos son mis últimos días en Santiago. ¡Me da tanta pena...! Ayer hicimos una fiesta de despedida para Petra, que fue la primera amiga extranjera en irse a su país. Aunque nos divertimos mucho, el final fue muy triste, y Petra acabó llorando en el cuarto de baño. Yo le dije que lo importante es que la despedida no es para siempre: seguiremos en contacto, y de hecho tenemos planes para vernos después del verano.

Adiós, Petra
Te queremos

¡He aprendido tanto durante este año... y no sólo español! He aprendido a entender y respetar una cultura diferente: mi forma de ver las cosas no es la única, ni necesariamente la mejor. He visitado lugares maravillosos, he hecho los mejores amigos del mundo y he conocido al chico perfecto para mí. ¡No puedo creer que tenga que marcharme! Me encantaría quedarme en Santiago otro año, lo haría, pero tengo que volver a Inglaterra para terminar mi carrera.

¡Pero tengo una noticia estupenda! A Miguel le han dado una beca para estudiar un año entero en una de las mejores universidades de Londres... ¡eso significa que podremos pasar un año entero juntos! Y después de un año, espero que podamos pasar otro... y otro... y otro...

PUBLICADO POR SONIA WALTON A LAS 00:44

3 COMENTARIOS

Rosa dijo...

Te vamos a echar mucho de menos, Sonia. Santiago no será lo mismo sin ti.

Olivier dijo...

Me alegro mucho de que Miguel tenga esa beca, ¡qué buena oportunidad! Ahora tiene que concentrarse en mejorar su inglés, ¿no?

Sara dijo...

Yo me voy a Inglaterra el jueves, también me da mucha pena. Nos vemos allí.

PUBLICAR UN COMENTARIO EN LA ENTRADA

Contesta estas preguntas

a) ¿Por qué lloró Petra en la fiesta?
b) ¿Qué piensa Sonia de la despedida?
c) ¿Por qué dice Sonia que ha aprendido más cosas que español?
d) ¿Por qué no puede pasar otro año en Santiago?
e) ¿Qué planes tiene Miguel para el año que viene?
f) ¿Por qué está Sonia tan contenta con esos planes?

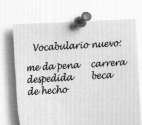

Vocabulario nuevo:
me da pena   carrera
despedida   beca
de hecho

139

1. Qué hacer en los exámenes

- **Intenta ser ordenado.** El desorden es un obstáculo para la concentración. El día antes del examen es bueno dejar tu ropa preparada, los bolígrafos y los libros listos, etc.

- **Come bien esos días.** Vas a necesitar más energía de lo normal, así que es importante seguir una dieta equilibrada.

- **Descansa el día antes del examen.** Estudiar como un loco antes del examen no ayuda nada. Lo mejor es dosificar las horas de estudio durante varias semanas: un poquito todos los días es lo ideal.

- **Evita hablar con compañeros nerviosos.** ¡El nerviosismo se contagia! Es importante sentirse tranquilo para poder concentrarse bien.

Y lo más fundamental...

- **Intenta no obsesionarte con el examen.** ¿Por qué va a salirte mal? Si entiendes la materia y no tienes grandes dudas, tienes todas las posibilidades de sacar buena nota.

Mi experiencia Erasmus

Soy Alejandro, un estudiante de Arquitectura de la Universidad de León. Estoy haciendo mi estancia ERASMUS en Limerick, una ciudad irlandesa. Llevo 3 meses viviendo aquí, y la verdad es que me encanta. Mi inglés está mejorando, aunque todavía me resulta bastante difícil. Sólo hace tres años que estudio inglés, y obviamente mi nivel es todavía intermedio. La pronunciación me cuesta muchísimo, ¡es tan diferente de la española! Lo bueno es que la gramática es relativamente sencilla, pero de todos modos cometo muchos errores. Pero creo que estoy aprendiendo bastante rápido, porque cuando llegué casi no podía entender nada, y ahora entiendo casi todo. Hablar me resulta difícil, pero por lo menos la gente me entiende.

Ahora tengo dos amigos irlandeses muy simpáticos; Andy y Bob. Los dos se ríen de mí a veces cuando hablo. Dicen que tengo un acento muy gracioso, no sé por qué lo dicen. Me encantaría tener una novia irlandesa: sería la mejor forma de mejorar el inglés, y además es que las chicas de este país me parecen guapísimas. Me gusta cómo visten: ¡llevan muy poca ropa en invierno! Es increíble, yo me muero de frío y ellas tan contentas con sandalias y la barriga al aire. ¡Vivan las diferencias culturales!

Contesta estas preguntas

a) ¿Qué nivel de inglés tiene Alejandro y por qué?

b) ¡Qué opina sobre el inglés?

c) ¿Qué les parece gracioso a Andy y Bob de Alejandro?

d) ¿Qué le sorprende a Alejandro de las chicas irlandesas?

e) ¿Qué desventaja tienen las chicas irlandesas?

Gramática: El presente de subjuntivo (I)

	TRABAJAR	COMER	VIVIR
Yo	TRABAJ-E	COM-A	VIV-A
Tú	TRABAJ-ES	COM-AS	VIV-AS
Él / ella / usted	TRABAJ-E	COM-A	VIV-A
Nosotros/as	TRABAJ-EMOS	COM-AMOS	VIV-AMOS
Vosotros/as	TRABAJ-ÉIS	COM-ÁIS	VIV-ÁIS
Ellos/as, ustedes	TRABAJ-EN	COM-AN	VIV-AN

¡¡FÍJATE!!

TENER > Yo **ten**go (presente indicativo) > Yo **ten**ga (presente subjuntivo)

CONOCER > Yo **conoz**co (presente indicativo) > Yo **conoz**ca (presente subjuntivo)

Algunos usos del presente de subjuntivo

- **Pedir algo o dar órdenes + QUE**

  Quiero <u>que</u> *envíes* esta carta a la universidad.

  Necesito <u>que</u> me *ayudes* esta tarde.

- **Ser + adjetivo/sustantivo + QUE**

  Es una pena <u>que</u> no *puedas* salir hoy.

  Es increíble <u>que</u> no te *guste* el chocolate.

- **Expresiones de sentimientos, + QUE**

  Siento <u>que</u> no *venga* Paco.

  Estoy contento de <u>que</u> *estés* aquí.

1. Utiliza la forma correcta del presente de subjuntivo

a) Espero que David *(hacer)* _____ amigos en el colegio.

b) Mi madre quiere que *(yo/estudiar)* _____ medicina.

c) Mi novio me ha pedido que *(yo/casarme)* _____ con él.

d) Es increíble que *(existir)* _____ tanta pobreza en el mundo.

e) Es una vergüenza que la gente *(no reciclar)* _____ basura.

f) Es fantástico que *(venir)* _____ a verme en verano.

g) Es triste que los países ricos *(no preocuparse)* _____ de los países pobres.

h) No creo que Ana *(venir)* _____ a la fiesta.

i) No es probable que mañana *(llover)* _____, hace un tiempo estupendo.

j) Es posible que Alba *(hacer)* _____ una tarta para mi cumpleaños.

Actividades escritas

1. Escribe una redacción sobre tu experiencia como estudiante

No te olvides de mencionar:

— qué estudias

— tu horario

— tus técnicas de estudio personales

— qué te resulta más fácil y más difícil

— si tienes mucho tiempo libre, y qué haces

2. Puestos de trabajo. Escribe un pequeño párrafo sobre las siguientes vacantes que hay en tu empresa

Ej.: *Necesitamos un vendedor para nuestra empresa. Es esencial que tenga…*

VENDEDOR	AUXILIAR ADMINISTRATIVO
Tener buena presencia	Tener excelentes conocimientos de informática
Hablar inglés y francés con soltura	Poseer buenas dotes de organización
Disponer de coche propio	Poder trabajar los sábados
Estar libre para viajar	Conocer el sector del automóvil
Ser mayor de 25 años	Tener estudios de educación secundaria

3. ¡Quiero quejarme! Vives en una residencia de estudiantes, pero no estás satisfecho/a por varios motivos. Escribe un e-mail al director de la residencia con esta información

- Hay mucho ruido por las noches.
- Los pasillos están siempre sucios.
- La comida del restaurante es terrible.
- Los residentes pagáis mucho dinero al mes y esperáis mejores servicios.

Mensaje nuevo

Enviar   Chat   Adjuntar   Agenda   Tipo de letra   Colores   Borrador   Navegador de fotos   Mostrar plantillas

Para:

Cc:

Asunto:

De: Firma: Ninguna

Nota cultural

BIENVENIDOS A LA SECCIÓN DE CULTURA ESPAÑOLA DE MI BLOG

CUANDO TERMINE MIS ESTUDIOS EN ESPAÑA...

a) Voy a hacer un periodo de prácticas laborales en el extranjero
b) Voy a buscar trabajo en mi país.
c) Voy a buscar trabajo o seguir estudiando en España.
d) ¡No tengo ni idea!

CUANDO LLEGUÉ A ESPAÑA:

– No sabía hablar español
– No entendía nada en la universidad
– La comida me parecía extraña
– Echaba mucho de menos mi país

AHORA...:

– Me he olvidado de mi idioma materno
– La universidad no tiene secretos para mí
– Soy experto/a en comida española
– No quiero volver a mi país (¡todavía!)

ARCHIVO DEL BLOG

▶ abril (3)
▶ Semana Santa (3)
▶ mayo (3)
▶ junio (3)
▶ julio (3)
▼ agosto (2)

---

25 DE AGOSTO

El programa Erasmus

En mi último blog cultural quiero hablar del programa académico que me ha permitido conocer España tan bien: el programa Erasmus. Fue creado en 1987, con la intención de facilitar la movilidad de los estudiantes y profesores universitarios europeos. Además de facilitar el papeleo, los participantes reciben una pequeña cantidad económica para ayudar a financiar el periodo de estudios en el extranjero. En la actualidad, más de 2000 instituciones académicas participan en este programa, que mueve alrededor de 150000 estudiantes y profesores al año.

En mi opinión, este programa no sólo tiene valor académico, sino también cultural y social: muchos de mis amigos opinan que ha creado una "generación Erasmus". La mayoría de los estudiantes Erasmus han fomentado su conocimiento de la Unión Europea, y son jóvenes más abiertos, tolerantes con otras culturas, y con una mentalidad mucho más internacional. Gracias a este programa, se han forjado grandes amistades entre estudiantes de otros países y muchos noviazgos (¡como el de Miguel y el mío!). Incluso ahora una nueva generación de "niños Erasmus" está empezando a nacer: se trata de los hijos de parejas de antiguos estudiantes Erasmus. Es increíble el impacto de este programa, ¿no?

A pesar de todas sus ventajas, ha atraído un buen número de críticas de gente que lo considera no una actividad cultural o académica, sino simplemente una oportunidad para pasar una temporada de vacaciones en el extranjero, pagada por la Unión Europea, y en la que las exigencias educativas son mínimas. El programa, según estas personas, es una excusa para dedicarse a beber, a salir y no necesariamente a integrarse en la cultura del nuevo país. ¡Yo creo que los que piensan eso sólo tienen envidia!

PUBLICADO POR SONIA WALTON A LAS 20:09

1 COMENTARIO

Lisa dijo...

¿Sabías que el programa toma su nombre del filósofo holandés Erasmo de Rotterdam (1465-1536)? Era un intelectual que dedicó su vida a viajar y a dar clases en diferentes países.

PUBLICAR UN COMENTARIO EN LA ENTRADA

Contesta estas preguntas

a) El programa Erasmus te permite hacer estancias académicas en todo el mundo.
b) El programa agiliza la documentación necesaria para poder estudiar en el extranjero.
c) La llamada "generación Erasmus" es una generación de personas a las que les gusta viajar.
d) Las estancias Erasmus, según algunas personas, no tienen un gran valor académico.

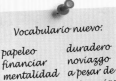

Vocabulario nuevo:

papeleo
financiar
mentalidad
forjarse

duradero
noviazgo
a pesar de
exigencias

Actividades orales

1. Debate entre toda la clase. ¿Qué impresiones despiertan estas fotos? Utilizad el subjuntivo

Ejemplo: *Es terrible que..., es increíble que...*

2. Debate entre toda la clase

La vida de estudiante es genial. Es verdad que hay que estudiar mucho, pero siempre hay tiempo para salir de copas con los amigos.

En mi opinión, la vida de estudiante no es tan maravillosa; en realidad, es una vida muy dura. Nunca tienes dinero para hacer cosas, y es muy difícil compaginar trabajo y estudios, porque la universidad exige mucho esfuerzo. Cuando termine la carrera todo será mucho más fácil.

En mi opinión, la vida estudiantil puede ser buena o mala, según tus circunstancias. Es verdad que en general no tienes mucho dinero, pero tampoco tienes el estrés de las personas que trabajan en empresas, por ejemplo. Y lo bueno es que tienes la posibilidad de conocer a mucha gente de tu edad.

3. ¿Benidorm, Madrid o Barcelona? Buscad un destino que os guste a los dos.

Ej.: Estudiante A: *"Quiero ir a un sitio que <u>tenga</u> una buena playa."*
Estudiante B: *"Para mí es más importante que <u>haya</u> museos, porque me encanta el arte."*

Estudiante A

Intereses:
- sol y playa
- hoteles con piscina
- zonas de mucha marcha
- tiendas
- cerca del aeropuerto

Estudiante B

Intereses:
- arte contemporáneo
- arquitectura interesante
- comida típica regional
- transporte público

4. ¿Tu pareja ideal? Habla con tu compañero

Ejemplo:
Para mí, es importante / necesario / fundamental / etc. + QUE

Ser cariñoso	☐	Entender de cine	☐
Ser romántico	☐	Hablar idiomas extranjeros	☐
Medir más de 1,80 m	☐	Gustarle viajar	☐
Tener buena presencia	☐	Tener estudios universitarios	☐
Tener un buen trabajo	☐	Querer tener hijos	☐
Creer en Dios	☐	Estar interesado en la ecología	☐
Hacer deporte	☐	Gustarle la música	☐
Llevar una vida sana	☐		

5. Tu compañero va a ir de vacaciones a tu ciudad o pueblo. Dale consejos

Es importante que…

No te olvides de …

No hagas…

Te aconsejo que …

Actividades auditivas

Pista 57

1. Práctica del subjuntivo: completa la tabla

	Frase en español	Significado en tu idioma
a)		
b)		
c)		
d)		
e)		
f)		

Pista 58

2. ¿Cómo reacciona esta gente ante estas noticias?

	Noticia	Reacción
a)		
b)		
c)		
d)		
e)		
f)		

Pista 59

3. Revista *La Calle*. ¿De qué se quejan estos lectores?

	Tema del artículo	Queja	Deseo para el futuro
Primer mensaje			
Segundo mensaje			
Tercer mensaje			

Pista 60

4. ¿Qué opinas de las corridas de toros?

Razones a favor	Razones en contra

Pista 61

5. ¿Cómo es un buen estudiante? Tres profesores dan su opinión

	Primera característica	Segunda característica
Primer hablante		
Segundo hablante		
Tercer hablante		

Mis viajes

BIENVENIDOS A LA SECCIÓN DE MIS VIAJES POR CIUDADES Y PUEBLOS ESPAÑOLES

LETRA DE UNA ANTIGUA CANCIÓN
DE AMOR

El Reloj (de Los Panchos):

Reloj, no marques las horas
porque voy a enloquecer,
ella se irá para siempre
cuando amanezca otra vez.

Nomás nos queda esta noche
para vivir nuestro amor
y tu tic-tac me recuerda
mi irremediable dolor.

Reloj, detén tu camino
porque mi vida se apaga,
ella es la estrella
que alumbra mi ser,
yo sin su amor no soy nada.

Detén el tiempo en tus manos,
haz esta noche perpetua
para que nunca se vaya de mí,
para que nunca amanezca.

ARCHIVO DEL BLOG

- ▶ abril (3)
- ▶ Semana Santa (3)
- ▶ mayo (3)
- ▶ junio (3)
- ▶ julio (3)
- ▼ agosto (3)

30 DE AGOSTO

¡Adiós a todos!

Bueno, pues mañana se termina mi estancia en España. Así que mi último blog de viajes va a ser el viaje de avión a Inglaterra: no tan interesante como otras veces, ¿verdad? Y mucho más triste. Miguel va a llevarme al aeropuerto para ayudarme con el equipaje, tengo tantísimas cosas que he acumulado en este tiempo, que no sé si me van a dejar facturar la maleta. ¡Pesa muchísimo! Pero lo que más pesa son todos los recuerdos que tengo de este país, de la lengua, la gente, los amigos que dejo aquí...

Esta es mi última noche. De momento estoy un poco estresada haciendo la maleta, buscando el pasaporte (¿dónde lo he puesto?), imprimiendo la tarjeta de embarque y todo eso. Miguel está aquí conmigo, ayudándome. Andrea y Susana también me están echando una mano. Nadie estaba triste hasta hace un rato: cuando en la radio pusieron una antigua canción de amor sobre una despedida. He puesto la letra a la izquierda para que la leáis.

Ojalá que todo salga bien. Que Miguel venga en octubre como tenía pensado y que podamos seguir nuestra relación con normalidad. Que Petra, Rosa, Olivier y todos mis amigos no perdamos nunca el contacto. Que nunca olvide el español. Que pueda volver pronto a España, quizá a vivir aquí en el futuro. Que...

Miguel acaba de encontrar mi pasaporte, estaba metido en un libro que me regaló la semana pasada. Andrea ha conseguido cerrar la maleta. Bueno, pues ya estoy lista. La próxima vez que os escriba será desde mi país. ¡Mucha suerte a todos!

PUBLICADO POR SONIA WALTON A LAS 22:04

2 COMENTARIOS

Lisa dijo...

Ven a vernos pronto, y mándanos un correo al llegar a casa.

Olivier dijo...

Sonia, ya estoy en Francia. Ven de visita cuando quieras, y que venga Miguel también.

Rosa dijo...

Que tengas buen viaje, Sonia. ¡No te olvides de todos nosotros!

PUBLICAR UN COMENTARIO EN LA ENTRADA

Contesta estas preguntas

a) ¿Por qué necesita Sonia que Miguel la ayude en el aeropuerto?

b) ¿Se sentía Sonia triste al principio? ¿Por qué?

c) ¿Tú crees que Sonia está preocupada por el futuro?

d) ¿Cuándo va a poder escribir otra vez?

Vocabulario nuevo:

equipaje
facturar
maleta
he acumulado
tarjeta de embarque
echándome una mano

pesa
ojalá

TRANSCRIPCIONES

UNIDAD 1

Pista 1

1. El verbo ser

a) Eres español
b) Soy María
c) Es estudiante
d) Somos profesores
e) Son interesantes
f) Eres Roberto
g) Sois franceses

Pista 2

2. ¿Quién habla?

a) ¡Hola! Me llamo Hugo: HACHE-U-GE-O. Soy de México, pero vivo en Estados Unidos.
b) ¿Qué tal? Me llamo Elvira: E-ELE-UVE-I-ERRE-A. Soy española, pero vivo en Francia.
c) ¡Buenos días! Me llamo CLAUDIA: CE-ELE-A-U-DE-I-A. Soy argentina, pero vivo en Inglaterra.
d) ¡Buenas tardes! Me llamo Eugenia: E-U-GE-E-ENE-I-A. Soy de Cuba, pero vivo en Alemania.

Pista 3

3. Busca los errores

¡Hola! ¿Qué tal? Soy Ángela Ferrer, una estudiante de Farmacia en la Universidad de Alicante. Soy argentina, pero ahora vivo en España. Hablo tres idiomas: español, inglés y alemán. Mi dirección de correo electrónico es: af21@telefonica.es. Mi número de teléfono es 6-4-3 7-8-8 2-1-2.

Pista 4

4. Precios

a) Cincuenta y cuatro euros
b) Trece euros
c) Ochenta y tres coma cinco euros
d) Quince euros
e) Sesenta y cinco coma ochenta euros
f) Noventa y seis coma treinta y tres euros
g) Doce euros
h) Cuarenta y dos coma cincuenta y seis euros
i) Quince coma diez euros
j) Sesenta y dos coma noventa euros

UNIDAD 2

Pista 5

1. Identifica los errores de este carnet estudiantil

¡Hola! Me llamo Carlos Suárez Cruz y soy estudiante de Medicina. Soy de San Sebastián, pero ahora vivo y estudio en Santiago de Compostela. Tengo 26 años. Vivo en un piso compartido con otros 4 estudiantes, en la calle Martínez Ríos: estamos muy contentos porque es un piso moderno y muy céntrico. Mi teléfono móvil es el 6-6-0 8-8 9-0 1-3.

Pista 6

2. Escucha e identifica a estas familias

1. Mi marido y yo tenemos sólo una hija, que se llama Emilia. Pero vivimos con mis padres también, porque es bueno que Emilia tenga contacto diario con sus abuelos.
2. Estoy divorciada de mi marido. Vivo con nuestros hijos pequeños en Buenos Aires.
3. Esta es una fotografía de mi familia. Mi mujer y yo tenemos dos hijos pequeños, son muy simpáticos.
4. Estoy separada de mi marido. Vivo en mi casa con mis dos hijos mayores.

Pista 7

3. ¿Cuál es tu número de teléfono? Escucha y escribe el número correcto

A
Mujer 1: Lucía, ¿cuál es tu número de teléfono?
Mujer 2: Es el 9-8-1 3-3 6-7 4-1.
B
Mujer: Roberto, ¿cuál es tu número de teléfono?
Hombre: Es el 6-7-0 2-3 7-6 1-2.
Mujer: ¡Gracias!
C
Hombre: Sandra, ¿cuál es tú número de teléfono?
Mujer: Es el 6-8-0 0-2 5-5 2-1.
D
Hombre 1: Juan, ¿cuál es tu número de teléfono?
Hombre 2: Es el 9-8-8 5-7 0-9 1-3.
Hombre 1: Muchas gracias.
E
Mujer: Señor Paz, ¿cuál es su número de teléfono?
Hombre: Es el 9-1 5-7-7 1-4 0-0.
F
Hombre: Señora Ríos, ¿cuál es su número de teléfono?
Mujer: Es el 9-1 5-8-2 1-5 9-2.

Pista 8

4. Identifica a estas personas

a) Es una chica joven y guapa. Tiene el pelo largo y moreno. Parece que está preocupada.
b) Es un hombre bastante mayor, y parece que está un poco triste. Es muy alto y delgado. Tiene los ojos marrones.
c) Es un hombre bajo, de pelo corto. Parece que está muy contento.
d) Es una mujer morena de pelo corto. Es un poco gorda. Parece que está muy cansada.
e) Es un hombre alto y gordo. Está un poco enfermo.
f) Es una mujer baja y delgada, con el pelo corto. Parece que está aburrida.

Pista 9

5. Escucha estas descripciones y completa la tabla

Mujer: Soy bastante alta, pero un poco gorda: peso 75 kilos. Tengo los ojos grandes y marrones, y el pelo rubio. Tengo la boca bastante pequeña.

Hombre: Soy moreno y tengo los ojos pequeños y verdes. Tengo la boca muy grande. Soy muy alto y delgado, porque hago mucho deporte. Sólo peso 65 kilos.

Mujer: Soy una chica rubia, y tengo los ojos azules. Mi boca es normal, ni grande ni pequeña. Soy más bien baja y delgada, peso 55 kilos.

UNIDAD 3

Pista 10

1. Identifica la forma verbal de ser o estar, y traduce la frase a tu idioma

a) Es muy interesante
b) Son franceses
c) Estamos en Barcelona
d) Soy bastante alta
e) Están tristes
f) Eres muy guapo
g) Está un poco cansada
h) Estoy enfadada con Pedro
i) Estás bastante enfermo
j) Somos estudiantes de medicina

Pista 11

2. Empareja a estas personas con su lugar de trabajo:

1. Marta es camarera. Trabaja en una cafetería de Alicante, una ciudad que está en el este de España.
2. Fernando es policía, y trabaja en una comisaría de un pueblo de Málaga, en el sur de España.
3. Dora es empleada de banco. Trabaja en una oficina de Segovia, una ciudad que está al norte de Madrid.
4. César es enfermero. Trabaja en un hospital de Salamanca, en una ciudad que está en el oeste de España.
5. Leticia es peluquera. Trabaja en una peluquería en La Coruña, una ciudad que está en el noroeste de España.
6. Rafa es electricista. Trabaja en Girona, una ciudad que está al norte de Barcelona.

Pista 12

3. Escucha esta llamada telefónica. ¿Qué problemas tiene este estudiante? Compara con el folleto publicitario.

Mujer: Academia Cervantes, buenas tardes.
Estudiante: Buenas tardes. Soy un estudiante extranjero y tengo algunos problemas.
Mujer: ¿Qué pasa?
Estudiante: El alojamiento no es adecuado, según la información de su folleto. Por ejemplo, mi habitación es muy pequeña, ¡y no tiene ventana!
Mujer: Vaya, lo siento.
Estudiante: Y el piso no está en el centro, está aproximadamente a media hora en bus de la academia.
Mujer: ¿De verdad? Pues es verdad que no es muy céntrico.
Estudiante: Hay más cosas. Por ejemplo, yo soy francés, y hay otros dos chicos franceses en el piso.
Mujer: ¿Sí? Es raro, no está permitido.
Estudiante: Y además, la familia con la que vivo no es española, ¡es de Marruecos! Y no entiendo cuando hablan.
Mujer: Lo siento muchísimo.
Estudiante: ¡Y no hay ordenador en el piso! El ordenador es muy importante para mí, para el trabajo de la academia.
Mujer: Claro, claro, es normal que estés preocupado. Bueno, pues…
Estudiante: Y otra cosa…

Pista 13

4. Escucha y rellena la tabla con la información correcta

1. Hola, soy Claudia, una estudiante argentina. En mi familia hay siete personas: mi madre, mi padre, tres hermanos, mi abuela y yo. También tenemos un perro que se llama Charli, y es un miembro más de la familia. En Argentina somos una familia de tamaño normal: ni grande ni pequeña. Vivimos en una casa en un pueblo del sur del país. Mi madre es administrativa, y mi padre es mecánico. Los dos trabajan todo el día, así que mi abuela es la que se ocupa de la casa.

2. ¿Qué tal? Soy Lisa. Hay diez personas en mi familia. Vivimos en una casa enorme en las afueras de Madrid, porque necesitamos mucho espacio para todos. En la casa vive mi madre, el marido de mi madre, mis tres hermanos, mis abuelos, mi tío Alfonso y mi prima Paula. Es una familia muy grande para España: es genial porque siempre hay gente en casa. Mi madre es ama de casa y se ocupa de la familia. ¡Siempre tiene muchas cosas que hacer!

3. Soy Ramón. Vivo con mi madre y dos gatos en un piso pequeño en el centro de Santander, una ciudad del norte de España. Mi familia es muy pequeña porque no tengo padre ni hermanos. Pero tengo a mi novia y muchos amigos, así que no hay problema. Mi madre es peluquera, y yo soy dependiente en una tienda. Es un trabajo un poco aburrido, pero lo bueno es que el horario es flexible.

Pista 14

5. Escucha a estos chicos describiendo su piso. ¿Verdadero o falso?

1. Vivo en un piso bastante grande en el centro de Santander. Tiene cuatro dormitorios, un salón, una cocina y dos cuartos de baño. No tiene terraza, pero hay dos balcones grandes y con mucho sol. Vivo con mi mujer y mis dos hijas, de tres y ocho años. Normalmente, el piso está bastante desordenado: es lo normal cuando tienes niños pequeños en casa. Pero el piso es muy bonito y está bien equipado: eso es lo más importante para nosotros.

2. Vivo en una casa pequeña en las afueras de Bilbao. Tiene sólo dos dormitorios, un salón pequeñito, una cocina y un cuarto de baño. Es una casa antigua, y es un poco fría en invierno, pero yo estoy muy contenta con ella. Vivo yo sola, con mi perro y mi gato, y tenemos un jardín grande con muchas plantas, algo que es muy importante para los animales. También estamos a 10 minutos de la playa. Yo trabajo como escritora, y no necesito ir al centro todos los días, así que para mí esta casa es ideal.

3. Mis amigos y yo vivimos en un piso muy grande en Barcelona. El piso está muy céntrico, y es bastante moderno, pero tiene muy poca luz natural y es muy oscuro. También es bastante húmedo y frío en invierno. Pero para mí lo importante es que siempre está muy limpio y ordenado. Además, como vivimos siete personas en el piso, siempre hay alguien en casa.

UNIDAD 4

Pista 15

1. Escucha esta información sobre estos hermanos, y corrige los errores

1. ¿Qué tal? Yo tengo dos hijas guapísimas, Silvia y Laura. Silvia estudia Arquitectura, y es la hermana mayor. Laura es la pequeña, y estudia Ingeniería. Las dos son muy di-

ferentes: Laura es alta y bastante delgada: pesa 58 kilos. Silvia también pesa 58 kilos, pero es mucho más baja. Laura es muy estudiosa y tiene muchos libros: tiene más de 500 en su habitación. Pero Silvia no lee mucho, prefiere ver la televisión: ve la televisión más de 6 horas al día. Las dos tienen novio.

2. ¡Hola! Tengo dos hijos, Manuel y Emilio. Los dos están en la universidad. Manuel es estudiante de Medicina, y Emilio, que es el hermano mayor, estudia Farmacia. Los dos son muy parecidos, pero hay algunas diferencias importantes. Por ejemplo, Emilio es muy alto, mucho más alto que Manuel. Manuel tiene el pelo más oscuro que Emilio. Emilio tiene los ojos marrones, y Manuel tiene los ojos verdes. Los dos son deportistas, y están muy delgados. Manuel sólo pesa 67 kilos y Emilio pesa 80 kilos, pero es porque es un chico muy alto. Manuel tiene una novia bastante guapa, que se llama Sandra y es de Madrid. Emilio de momento tiene muchas amigas, pero ninguna novia seria.

Pista 16

2. ¿Dónde está...? Escucha e identifica las salas

Diálogo 1

Mujer 1: Marta, ¿dónde está el despacho del profesor Domínguez?

Mujer 2: Está en la cuarta planta, al final del pasillo.

Diálogo 2

Hombre 1: ¿En qué aula es la clase de Literatura española?

Hombre 2: Es en el aula 225. Está en la segunda planta, al lado de la fotocopiadora.

Diálogo 3

Hombre 1: Perdona, ¿sabes dónde están los servicios?

Hombre 2: Sí, están en la segunda planta, después de las aulas.

Diálogo 4

Mujer: ¿Nos tomamos un café?

Hombre: Vale, ¿hay cafetería en la Facultad?

Mujer: Sí, está en la planta baja, a la izquierda de la entrada principal.

Diálogo 5

Mujer 1: Perdona, ¿dónde está la sala de ordenadores?

Mujer 2: Está en la tercera planta, entre la sala de proyecciones y el aula 312.

Pista 17

3. Escucha estas indicaciones e identifica los diferentes edificios

A

Mujer: Perdone, estoy perdida. ¿Cómo se va a la catedral?

Hombre: Está muy cerca. Vete todo recto por la calle de la Serna, coge la primera calle a la izquierda y sigue todo recto. Al final de la calle hay una plaza grande, y la catedral está allí, en frente del ayuntamiento.

Mujer: Muchas gracias.

B

Hombre: Perdona, ¿sabes dónde está la Oficina de Relaciones Internacionales?

Mujer: Sí, es muy fácil. Coge la primera calle a la derecha, y cuando llegues al polideportivo, tuerce a la derecha. En esa calle hay muchos edificios universitarios, y la Oficina de Relaciones Internacionales está allí, al lado de la Facultad de Biología.

Hombre: Vale, gracias.

C

Hombre: Perdona, ¿sabes cómo se va a la estación de tren?

Mujer: Sí. Tienes que coger la calle República Argentina, y cuando pases el cine Avenida, tuerces a la izquierda. Vete todo recto hasta la rotonda. Ahí hay una gasolinera muy grande: la estación está en frente de la gasolinera.

Hombre: Mil gracias.

UNIDAD 5

Pista 18

1. Practica las terminaciones verbales del presente

1. Tenemos
2. Hablas
3. Comen
4. Vivo
5. Estudia
6. Practican
7. Escuchamos
8. Termináis

Pista 19

2. ¿Qué hora es?

1. Son las diez y media
2. Son las cuatro menos cinco
3. Son las tres menos cuarto
4. Son las dos y media
5. Son las cinco y veinte
6. Son las ocho menos cinco
7. Son las nueve y veinticinco
8. Son las diez menos cuarto
9. Son las doce y diez
10. Es la una y cinco

Pista 20

3. ¿Qué diferencias encuentran estos estudiantes entre el clima de Santiago y el de otras regiones de España?

Hombre 1: ¡Hola! Soy Luis, estoy estudiando Medicina en Santiago pero soy de Las Palmas de Gran Canaria. El clima de Santiago es súper diferente del de Las Palmas. En Santiago aprecias el cambio de las diferentes estaciones del año: en verano hace calor, en otoño llueve y hace viento, en invierno hace bastante frío y en primavera hace sol otra vez. Pero en Las Palmas tenemos el mismo clima todo el año: allí siempre es primavera. Además, llueve muy poco, por eso el paisaje es tan seco.

Mujer 1: ¿Qué tal? Soy Laura, estoy estudiando Empresariales en Santiago, pero soy de Madrid. El clima de Madrid es bastante distinto del de Galicia. Para empezar, Madrid es muy seco y llueve muy poco. Además, la diferencia de temperatura entre el verano y el invierno es extrema: en invierno hace muchísimo frío, y en verano muchísimo calor. La primavera y el otoño son las mejores estaciones para visitar la ciudad. En Santiago, la diferencia de temperatura entre el verano y el invierno es menos radical, y además es más húmedo. Por eso tiene una vegetación tan verde y tan bonita.

Hombre 2: Soy Roberto. Estoy estudiando Filología Alemana en Santiago, pero soy de Málaga. El clima de Málaga es totalmente distinto del de Santiago. En Málaga hace calor prácticamente todo el año, aunque el invierno es un poco más fresco. En verano es horrible, hace muchísimo calor y a veces es insoportable. Además, llueve poco. En Santiago también hace bastante calor en verano, pero el invierno es más frío.

Pista 21

4. Escucha esta conversación entre Sonia y Petra, y contesta las preguntas

Petra: ¡Santiago es una ciudad preciosa! Tenemos mucha suerte de poder estudiar en un sitio así.

Sonia: Tienes razón. Además, hay muy pocos extranjeros, y eso es bueno para practicar español.

Petra: Lo malo es que llueve mucho. El clima es muy diferente del típico clima español, ¿verdad?

Sonia: Sí, no es tan seco. Pero lo bueno es que el paisaje es muy verde, y no seco como en el centro y sur de España. ¿Cómo es el clima en tu país?

Petra: Yo soy alemana, de la zona de Baviera. Allí, los inviernos son muy fríos: siempre nieva mucho. Pero en verano hace mucho calor y mucho sol. ¿Cómo es el clima en tu país?

Sonia: Pues yo soy de Inglaterra. Nuestro clima es un clima húmedo, con inviernos largos y fríos, y veranos cortos y templados. A veces, ¡tienes que poner la calefacción en verano!

Petra: Vaya, ahora llueve. ¿Tienes paraguas?

Sonia: No. ¿Y tú?

Petra: Yo, tampoco. ¿Vamos a una cafetería?

Sonia: Vale, así tomamos un café. ¡Hace mucho frío!

Pista 22

5. ¿Qué hacen Pablo e Isabel en Navidad?

Hombre: ¡Hola! Me llamo Pablo y soy de Bilbao. Me encanta la Navidad, es muy divertida. El día de Navidad es muy especial, toda mi familia se reúne en casa de mis abuelos y hacemos una comida enorme. Siempre comemos demasiado esa noche. El día de Nochevieja es diferente, porque es un día para salir y estar con los amigos. Esa noche cenamos en un restaurante, y después bailamos hasta las 6 de la noche, o más tarde. El día 6 de enero, el día de Reyes, es un día muy especial. En casa nos despertamos todos muy temprano, abrimos los juguetes y jugamos hasta tarde.

Mujer: ¡Hola! Soy Isabel y soy de San Sebastián. Para mí, la Navidad es un poco aburrida. Normalmente la paso con mis padres en la casa del pueblo. El día de Navidad normalmente nos levantamos temprano, damos un paseo por el pueblo y a las dos de la tarde comemos. El día de Nochebuena lo normal es salir con los amigos, pero el problema es que todos mis amigos están en San Sebastián, y no en el pueblo. Así que paso Nochevieja con mis padres y mi abuela. El día 6 es más interesante, porque normalmente lo celebramos en San Sebastián y veo a mis amigos. Y siempre tengo muchos regalos.

UNIDAD 6

Pista 23

1. ¿Qué van a hacer estos chicos?

Diálogo 1

Hombre: Nuria, ¿vas a ir a Francia de vacaciones este año?

Mujer: No, no puedo. Tengo que quedarme en casa todo el verano, porque no tengo dinero para viajar.

Diálogo 2

Mujer: Tomás, ¿vas a ir al supermercado esta tarde?

Hombre: Sí. Mis padres me acaban de llamar por teléfono, van a venir de visita el fin de semana. Tengo que comprar comida porque no tengo nada en casa.

Diálogo 3

Mujer 1: Sandra, ¿vas a apuntarte al gimnasio el mes que viene?

Mujer 2: No, no puedo, no tengo tiempo. Tengo que trabajar hasta muy tarde casi todos los días, y después, tengo que estudiar para los exámenes de junio.

Diálogo 4

Hombre 1: Ernesto, ¿vas a salir esta noche?

Hombre 2: Sí, voy a ir a cenar con unos amigos a un restaurante nuevo del centro. Acabamos de terminar el curso, y hay que celebrarlo, ¿no?

Pista 24

2. En la estación de autobuses. Escucha estos avisos, ¿qué información tienes sobre estos autobuses?

Voz de megafonía: Salida del autobús con destino a Bilbao. Pasajeros diríjanse inmediatamente al andén número 34.

El autobús con procedencia de La Coruña lleva un retraso de aproximadamente 20 minutos, debido a problemas técnicos. Hará su llegada a las 21:20 horas y se situará en el andén 23.

Salida del autobús con destino a Salamanca a las 12:30 horas. Pasajeros diríjanse inmediatamente al andén número 15.

El autobús con procedencia de Sevilla hará su llegada a las 9:00 horas, y hará una parada de veinte minutos en el andén número 11.

Pista 25

3. Escucha y completa el recuadro

1.

Hombre: Buenos días, ¿qué desea?

Mujer: Quiero reservar un billete a Santander para mañana.

Hombre: ¿De ida, o de ida y vuelta?

Mujer: Sólo de ida, por favor.

Hombre: Hay tres trenes al día, que salen a las 9 de la mañana, 12 del mediodía y 4 de la tarde.

Mujer: ¿Cuánto tiempo tarda en llegar a Santander?

Hombre: Tarda unas 8 horas.

Mujer: Bueno, en ese caso, voy a reservar el primer tren de la mañana.

Hombre: Perfecto, pues son 53, 29 euros.

Mujer: ¿Hay algún descuento para estudiantes?

Hombre: Sí, si tiene el carné de estudiante hay un descuento del 20%.

Mujer: Estupendo, entonces el precio total es 42,65 euros, ¿no?

Hombre: Sí. ¿Va a pagar con tarjeta o al contado?

Mujer: Al contado.

2.

Hombre: Buenas tardes, quería reservar un billete de ida y vuelta a Sevilla.

Mujer: Muy bien, ¿la salida es para hoy o para otro día?

Hombre: La salida es para el lunes 3 de enero, y la vuelta, para el domingo día 9.

Mujer: Perfecto. Bueno, pues hay dos trenes para Sevilla: el AVE, que es un tren rápido, que tarda unas dos horas en llegar, y el tren TALGO, que es más lento y tarda unas cinco horas en llegar.

Hombre: ¿Cuánto cuestan los billetes?

Mujer: El billete del AVE cuesta 98,45 euros, y el TALGO cuesta 48,33 euros.

Hombre: Entonces prefiero el TALGO, porque el AVE es demasiado caro.

Mujer: Muy bien. ¿Va a pagar con tarjeta o al contado?

Hombre: Con tarjeta. ¿Hay descuentos para menores de 26 años?

Mujer: Pues sí, hay un descuento del 30%. Con ese descuento el billete cuesta 33,84 euros.

Pista 26

4. Alojamiento para las vacaciones. Escucha estos diálogos y completa el recuadro

Mujer: Pensión Raquel, buenos días.

Hombre: Buenos días, ¿tiene alguna habitación libre para el fin de semana?

Mujer: Pues espere un momentito… Bueno, el fin de semana estamos casi llenos, pero me queda una habitación individual para las noches del sábado y el domingo. Sólo cuesta 21 euros por persona, pero sin desayuno.

Hombre: ¿Y no tiene habitación para el viernes?

Mujer: No, lo siento, el viernes estamos completos.

Hombre: Vaya, qué pena. Pues en ese caso no me interesa.

Mujer: No hay problema, hasta luego.

Hombre: Hostal Manzanares, dígame.

Mujer: Buenos días, quería reservar una habitación doble para mañana.

Hombre: Mañana es un poco difícil, a ver… Nos queda una habitación doble, pero sin baño.

Mujer: ¿Sin baño? No sé…

Hombre: El baño está al lado, y la habitación es muy grande y cómoda.

Mujer 2: Bueno, ¿y cuánto cuesta?

Hombre: Son sólo 43 euros por noche, con desayuno incluido.

Mujer: Es bastante barato, la verdad. Bueno, pues entonces la reservo. ¿Necesita mi número de tarjeta?

Hombre: No, no hace falta. Hasta mañana entonces.

Mujer: Hotel Libunca, buenas tardes.

Hombre: Buenas tardes, quería reservar una habitación doble para el 5 de enero.

Mujer: 5 de enero… sí, no hay problema. ¿Es sólo para una noche?

Hombre: No, es para tres noches. ¿Cuánto cuesta la habitación por noche?

Mujer: Cuesta 66,40 euros por noche, o sea que en total son 199,20 euros.

Hombre: ¿Está el desayuno incluido?

Mujer: No, el desayuno es aparte.

Hombre: De acuerdo. Y la habitación tiene baño, ¿verdad?

Mujer: Sí, claro. Bueno, pues para finalizar la reserva, necesito su número de tarjeta.

Hombre: Vale, tengo tarjeta Visa. Mi número es el 9-8-0-7 6-5-8-4 3-8-9-5 3-7-3-3.

UNIDAD 7

Pista 27

1. Identifica estas formas verbales y tradúcelas en tu idioma

1. Voy

2. Duerme

3. Dormimos

4. Pueden

5. Podéis

6. Haces

7. Salgo

8. Jugamos

Pista 28

2. ¿Me pone un kilo de…? Escucha estas conversaciones y contesta estas preguntas

Hombre: Buenas tardes.

Mujer: Buenas tardes, ¿me pone un kilo de patatas?

Hombre: Sí, aquí tiene. ¿Algo más?

Mujer: Sí, una docena de huevos, por favor.

Hombre: Una docena… aquí tiene.

Mujer: ¿Cuánto cuestan las naranjas?

Hombre: 4 euros el kilo, son unas naranjas muy buenas, de Valencia.

Mujer: Uy, qué caras. ¿No tiene algo más barato?

Hombre: Sí, estas son naranjas de Marruecos, cuestan dos euros el kilo, pero la calidad no es la misma.

Mujer: No importa, me llevo dos kilos y medio. ¿Cuánto es todo?

Hombre: En total son 9,13 euros.

Mujer: ¿Se puede pagar con tarjeta?

Hombre: No, esto es una tienda pequeña, tiene que pagar en efectivo.

Hombre: Buenos días, ¿me pone tres barras de pan?

Mujer: Aquí tiene.

Hombre: ¿Tiene huevos?

Mujer: Sí, están muy frescos, y no son caros. Cuestan 1, 20 euros la docena.

Hombre: Vale, pues me llevo una docena y media.

Mujer: ¿Algo más?

Hombre: Sí, ¿cuánto cuestan los pasteles?

Mujer: 75 céntimos cada uno, están riquísimos.

Hombre: Bueno, pues me llevo cuatro. ¿Cuánto es todo?

Mujer: A ver… en total son 6, 97 euros.

Hombre: ¿Se puede pagar con tarjeta?

Mujer: Pues claro que no, esto es una panadería de pueblo, oiga.

Pista 29

3. En el restaurante. Escucha esta conversación y rellena la tabla

Mujer: Buenas noches, ¿tiene una mesa libre?

Camarero: ¿Para cuántas personas?

Mujer: Para mi marido y para mí.

Camarero: Sí, pasen por aquí.

Camarero: Muy bien, ¿qué van a tomar de primero?

Hombre: Para mí, la sopa de verduras.

Mujer: Para mí, la ensalada.

Camarero: Perfecto, ¿y qué van a tomar de segundo?

Hombre: Para mí, el arroz con pollo.

Camarero: Lo siento, no nos queda más arroz.

Hombre: Bueno, pues entonces las verduras con jamón.

Camarero: Muy bien. ¿Y usted, señora?

Mujer: Para mí, el pescado al vapor.

Camarero: Buena elección. ¿Y de beber, qué quieren?

Hombre: Yo voy a tomar una copa de vino tinto.

Mujer: Yo prefiero una cerveza.

Camarero: Estupendo, enseguida les traigo todo.

Mujer: Camarero, la cuenta, por favor.
Camarero: Sí, aquí tiene, son 45,96 euros.
Hombre: ¿Se puede pagar con tarjeta?
Camarero: Sí, cómo no.

Pista 30

4. Escucha con atención. ¿Qué hacen estas personas…?

1. Soy Sandra. Soy periodista y normalmente trabajo desde mi casa. Normalmente me levanto temprano, a las 7 de la mañana más o menos. Lo primero que hago es desayunar, y después, a eso de las 7 y media, empiezo a escribir. Tres horas después, hago un descanso de media hora para tomar un café, y después continúo escribiendo hasta las dos. A esa hora me ducho y me visto. ¡Me gusta escribir en pijama!

2. Soy Sergio, y trabajo de dependiente en una tienda de ropa. Me levanto muy temprano, a las 6:30. A las 7 desayuno y después me ducho y me visto rápido. A las 7 y media salgo de casa y voy a la parada de metro. Vivo en las afueras de la ciudad, y tardo media hora en llegar al centro. Trabajo toda la mañana en la tienda, y a las 10:30 voy al banco. Después vuelvo a la tienda, y continúo trabajando hasta las dos.

3. Soy Beatriz. Soy ama de casa y tengo cuatro hijos, de dos a nueve años. ¡Me dan mucho trabajo! Me levanto a las 6 de la mañana, y preparo las cosas de casa. A las 7 despierto a mi marido y a los niños, y a las 7:30 desayunamos todos juntos. Los niños mayores se van al colegio, y yo me quedo en casa con la niña pequeña. A las 10:30 vamos a dar un paseo por el parque. Luego hago la compra, limpio la casa y preparo la comida. A las dos comemos, porque a esa hora mi marido y los niños llegan a casa.

Pista 31

5. La rutina diaria de Lola. ¿Qué errores encuentras entre la grabación y estas notas sobre la rutina de Lola?

1. ¿Qué tal? Soy Lola, una estudiante Erasmus española. Estudio en la Universidad de Florencia, en Italia. Mi vida aquí nunca es aburrida. Me levanto muy temprano, sobre las siete de la mañana. Me ducho, me visto, y después desayuno a las siete y media, más o menos. Salgo de casa a las ocho y voy directamente a la Facultad. Las clases empiezan a las ocho y media y terminan a las dos. A la una y media voy a comer con mis compañeros de clase a un restaurante universitario. Normalmente tomamos el menú del día, y pagamos 10 euros por dos platos y un postre. Por la tarde voy a clase de italiano, y luego voy a cenar con mis amigos. A eso de las diez vuelvo a mi casa, veo la televisión un rato y a las once y media me acuesto. Los jueves salgo de noche hasta las seis de la mañana.

UNIDAD 8

Pista 32

1. Identifica la forma verbal de pretérito perfecto y traduce la frase a tu idioma

a) Ya he estado en Barcelona.
b) Todavía no han terminado su trabajo.
c) Hemos empezado la clase.
d) Aún no ha llamado a su novia.
e) Habéis comido un plato de verdura.
f) ¿Ya has visto el partido?
g) Ha escrito un e-mail a David.
h) Nos hemos enfadado con Marina.
i) Todavía no he hecho la cena.
j) Aún no has visto la película.

Pista 33

2. Las vacaciones de Carnaval

Luis: ¡Hola, Sandra! ¡Qué tal!
Sandra: ¡Hola, Luis!
Luis: ¿Qué has hecho durante las vacaciones de Carnaval?
Sandra: He ido a ver el Carnaval de Tenerife, te lo recomiendo porque es estupendo. Además, el tiempo es perfecto en esta época del año: aunque es marzo, yo ya he nadado en el mar.
Luis: ¡Qué suerte! Yo me he quedado en Madrid, porque tengo muchísimo trabajo en este momento.
Sandra: Vaya, ¿y no has salido nada?
Luis: Bueno, sí, he ido al cine varias veces. También he hecho excursiones a Toledo, Segovia y otras ciudades cerca de Madrid. Y he visto varias exposiciones de fotografía, me encanta la fotografía.
Sandra: Bueno, ¡pero si has salido más que yo! ¿Y has tenido tiempo de trabajar?
Luis: Pues no mucho, ahora estoy tan estresado…

Pista 34

3. Las atracciones turísticas de Madrid

Mujer: Oficina de Turismo, buenas tardes.
Hombre: Hola, buenas tardes. Estoy aquí en Madrid durante esta semana, hasta el martes. ¿Qué me aconseja hacer estos días?
Mujer: Bueno, hay muchísimo que hacer. ¿Ha ido ya a la Plaza Mayor?
Hombre: Sí, ya he estado, y me ha gustado mucho. Es una plaza realmente impresionante, aunque es una zona bastante cara para comer, ¿no?
Mujer: Sí, un poco, porque es muy turística. ¿Y ha visitado la Gran Vía? Es una zona muy buena para ir de compras.
Hombre: Sí, he comprado un par de cosas en esa zona, pero hay siempre tanta gente… Prefiero algo más tranquilo.
Mujer: Pues le recomiendo visitar alguno de los excelentes museos de la ciudad. Por ejemplo, el Museo del Prado.
Hombre: Es una buena idea, todavía no he estado ahí.
Mujer: Pues se lo recomiendo. Tiene una de las colecciones de pintura de los siglos XVII y XVIII más importantes del mundo.
Hombre: Sí, he oído que es muy interesante.
Mujer: También puede ir al Centro Reina Sofía, donde puede ver pintura contemporánea, y el famoso cuadro Guernica.
Hombre: Tampoco he estado en el Reina Sofía, y he oído que es un museo fantástico.
Mujer: ¿Y ha estado en la Plaza de Santa Ana? Es una zona estupenda para descansar y tomarse unas copas, y está muy cerca de los museos.
Hombre: Sí, ya he visto la plaza, porque mi hotel está bastante cerca, y es verdad que tiene un ambiente muy agradable. Bueno, pues muchas gracias por toda su ayuda.

Pista 35

4. De compras. Rellena la tabla con información sobre las compras de estas personas.

Diálogo 1

Dependienta: Buenas tardes.

Cliente: Hola, buenas tardes. ¡Qué gafas tan bonitas?

Dependienta: Sí, son muy modernas. ¿Quieres probártelas?

Clienta: No, gracias, sólo estoy mirando.

Diálogo 2

Dependienta: Buenos días.

Clienta: Buenos días. ¿Tiene esta falda en una talla más grande?

Dependienta: A ver… pues no, lo siento, sólo me queda esa talla. ¿Quiere probársela?

Clienta: No, es demasiado pequeña.

Dependienta: Vaya, pues lo siento mucho.

Diálogo 3

Cliente: Perdona, ¿tienes esta camisa en otro color?

Dependiente: Pues sí, mira, la tenemos en rojo y en amarillo.

Cliente: Me encanta en rojo, ¡qué bonita! ¿Cuánto cuesta?

Dependiente: 58 euros.

Cliente: ¡Qué cara!

Dependiente: Sí, es que es de muy buena calidad, y el diseño es muy moderno.

Cliente: La verdad es que es preciosa… bueno, ¡me la llevo!

Dependiente: Muy bien, ¿vas a pagar en efectivo o con tarjeta?

Cliente: Con tarjeta.

Diálogo 4

Cliente: Perdone, ¿tiene estos zapatos en una talla 44?

Dependiente: A ver… pues sí, aquí tiene.

Cliente: ¡Qué bien! Son muy cómodos.

Dependiente: Sí, y lo mejor es que están de oferta. Cuestan sólo 42 euros.

Cliente: ¿Sí? ¡Qué baratos! Pues me los llevo.

Dependiente: Muy bien, ¿va a pagar en efectivo o con tarjeta?

Cliente: En efectivo… un momento… ¡me he dejado el dinero en casa!

UNIDAD 9

Pista 36

1. Practica las terminaciones verbales del indefinido

1. Cantamos
2. Salisteis
3. Comieron
4. Bebí
5. Estudió
6. Practicaste
7. Estuvieron
8. Terminasteis

Pista 37

2. ¿Qué hizo Rosa esta semana? Completa el recuadro

Estoy cansadísima, esta semana ha sido agotadora. El lunes fui a Madrid para ver a mi prima, que acaba de tener un niño precioso. Lo pasé muy bien con ella, pero el problema es que el niño lloró toda la noche, y no pude dormir bien.

El martes cogí un tren de vuelta a Santiago, y llegué a las doce de la noche.

El miércoles ayudé a Sonia a mudarse a su piso nuevo. ¡Es increíble la cantidad de cosas que tiene! Fue muy cansado.

El jueves fui a ver a mi abuela al hospital: aunque no es grave, tiene que hacerse unas pruebas y quedarse hasta el sábado. Le compré un periódico para leer y unas flores.

El viernes estuve en clase toda la mañana, y por la tarde fui a la biblioteca para preparar un examen que tengo la semana que viene. Llegué a casa tardísimo, así que me fui directamente a la cama.

El sábado fue el cumpleaños de mi amiga Juana. Fui a cenar con ella y otras chicas, y después fuimos a tomar unas copas y a una discoteca. Llegué a casa a las cinco de la mañana.

Y el domingo, me dediqué a dormir todo el día, ¡estaba agotada!

Pista 38

3. Buscando piso. Escucha estas dos llamadas y completa la tabla

Primera llamada

Estudiante: Buenos días, llamo por el piso de alquiler. ¿Está todavía libre?

Casera: Ah, sí, todavía no lo hemos alquilado. ¿Tú de dónde eres?

Estudiante: Soy argentina. Voy a estar en Santander hasta julio, haciendo un máster en la universidad.

Casera: Ah, estupendo, la universidad es muy buena, espero que te guste.

Estudiante: Seguro que sí. Bueno, tengo unas preguntas sobre el piso. ¿Dónde está exactamente?

Casera: ¿Conoces bien Santander? Está cerca de la estación de autobuses, en frente de la cafetería Manuela.

Estudiante: Sí, es una zona buena. ¿Y tiene calefacción?

Casera: Sí, tiene calefacción individual.

Estudiante: Perfecto, ¿Y cuánto cuesta al mes?

Casera: Pues 600 euros al mes, pero pueden vivir tres personas, así que el precio es 200 euros cada una. Los recibos son aparte.

Estudiante: Es un poco caro, ¿no?

Casera: Bueno, pero está muy buen amueblado, las habitaciones son amplias y es un piso calentito. Además, tiene lavadora y microondas.

Estudiante: Está bien, ¿podemos ver el piso?

Casera: Sí, claro, cuando queráis. Mañana al mediodía, por ejemplo, me viene bien.

Estudiante: Perfecto, pues nos pasamos entre las dos y las tres.

Casera: Vale, hasta mañana.

Segunda llamada

Estudiante 1: Hola, buenas tardes, llamo por la habitación para alquilar.

Estudiante 2: Ah, sí, ¿de dónde eres?

Estudiante 1: Soy de León. Voy a hacer mi estancia Erasmus aquí en Córdoba, hasta julio.

Estudiante 2: Ah, qué bien. Yo estuve en León el verano pasado y me gustó mucho.

Estudiante 1: Sí, es una ciudad muy bonita. Bueno, pues tengo unas preguntas sobre la habitación y el piso. Por ejemplo, ¿dónde está situado?

Estudiante 2: Pues mira, está muy cerca de la Plaza Cura Sama, es muy céntrico.

Estudiante 1: ¿Está cerca de la Facultad de Filología?

Estudiante 2: Sí, bastante cerca, a unos diez minutos a pie.

Estudiante 1: Perfecto. ¿Cuántas personas viven en el piso?

Estudiante 2: Pues en este momento somos cuatro: hay dos chicas de Madrid, un chico de Alicante y yo, que soy de Sevilla. Y necesitamos a una persona más.

Estudiante 1: ¿Hay calefacción?

Estudiante 2: No, pero tenemos unos radiadores eléctricos muy buenos. ¡Y en Córdoba no hace tanto frío como en León!

Estudiante 1: Eso espero, estoy harto del frío. ¿Tenéis lavadora?

Estudiante 2: Sí, es bastante vieja, pero funciona bien.

Estudiante 1: ¿Y cuánto cuesta la habitación?

Estudiante 2: Cuesta unos 175 euros al mes.

Estudiante 1: ¿Están incluidos los recibos?

Estudiante 2: No, los recibos son aparte, pero no es mucho más dinero.

Estudiante 1: Bueno, pues me gustaría ver la habitación si es posible.

Estudiante 2: Claro, cómo no. Ven esta tarde si quieres, vamos a estar todos en casa.

Estudiante 1: Vale, pues me pasaré por el piso entre las 6 y las 7.

Pista 39

4. Las labores domésticas

1. Hola, soy Sole. Estudio Medicina y vivo con tres amigos en un piso del centro. Somos muy organizados y hacemos las tareas domésticas por turnos. Así, el piso siempre está limpio y ordenado y no nos enfadamos.

   En general, hacemos la compra por separado, porque cada uno come cosas diferentes y es más cómodo. También cocinamos y lavamos los platos por separado.

   En cuanto a la limpieza, cada uno de nosotros limpia y ordena el piso una vez a la semana. Es decir, a mí me suele tocar la segunda semana de cada mes. Ese día limpio todo el piso y ordeno el salón.

2. ¿Qué tal? Me llamo Manuel, y comparto un piso con otros cuatro estudiantes. Somos todos chicos, y la verdad es que somos un desastre para la limpieza. No nos organizamos nada bien: simplemente, cuando vemos el piso sucio, lo limpiamos... ¡El problema es que nunca lo vemos sucio! Pero como todos tenemos la misma actitud, no nos enfadamos y en general nos llevamos bastante bien.

   Normalmente, los lunes hacemos la compra juntos en el supermercado que tenemos al lado de casa. Después intentamos hacer la comida juntos también, pero siempre calculamos mal los ingredientes, y la comida es horrible, así que terminamos comiendo un bocadillo.

   El cuarto de baño lo limpiamos cuando vienen nuestros padres de visita. Yo limpio mi habitación cuando viene mi novia, porque es muy estricta en cuanto a la limpieza y se enfada conmigo. El salón no lo ordenamos porque total, a las dos horas ya está desordenado.

UNIDAD 10

Pista 40

1. Escucha estas frases y tradúcelas a tu idioma

a) Hace dos meses que conozco a Pedro.
b) Luis come carne desde hace diez años.
c) Llevo una semana enfermo.
d) Hace diez días que no bebo alcohol.

e) Salgo con Sandra desde hace ocho meses y medio.
f) Llevamos dos horas esperando por ti.

Pista 41

2. ¿Cómo se sienten estas personas, y por qué?

Marisa: Estoy muy cansada. Llevo una semana trabajando 13 horas al día.

Eduardo: Estoy muy contento. Hace dos meses que salgo con una chica estupenda: es inteligente, guapa y simpática. ¡Es la novia perfecta!

Virginia: Estoy muy preocupada por mi hermana. ¡No me llama por teléfono desde hace un mes! Espero que esté bien.

Ignacio: Estoy enfadado con mi amigo Luis. Llevo más de una hora esperando por él. ¡Qué desastre!

Pista 42

3. El detective privado. ¿Qué errores comete?

Son las nueve de la mañana. La señora Sánchez está desayunando un café con tostadas.

Son las diez y media. La señora Sánchez está haciendo un poco de deporte, jugando al golf.

Es la una menos cuarto. La señora Sánchez está reunida con muchos hombres... muy sospechoso.

Son las cinco y media. La señora Sánchez está tomando un café con sus compañeras de trabajo.

Pista 43

4. Escucha con atención. ¿Qué sugiere Fernando, y qué responde Elena?

Fernando: ¡Hola, Elena! ¡Cuánto tiempo sin verte!

Elena: Ah, hola Fernando, ¿cómo estás?

Fernando: Muy bien, gracias, aunque no tan bien como tú... Bueno, bueno. Oye, ¿por qué no vamos a tomar un café y charlamos un poco?

Elena: Vaya, lo siento, ahora no puedo. Voy de visita a casa de mi hermana. Quizá la semana que viene.

Fernando: No, la semana que viene no puedo, tengo que ir a Estados Unidos por motivos de trabajo. Mejor quedamos esta semana. ¿Qué tal te viene mañana por la noche?

Elena: Mañana no me viene bien. Trabajo hasta muy tarde y quiero acostarme temprano.

Fernando: Vaya, qué pena. Bueno, ¿y el miércoles? Podemos ir a ver la exposición de Picasso.

Elena: No, lo siento, el miércoles es muy mal día: tengo clases de yoga hasta las nueve, y después voy a cenar con Lisa.

Fernando: ¿Y el jueves? ¿Estás libre? Los jueves hay conciertos de jazz en el parque, ¿te apetece ir?

Elena: Pues... es que el jazz no me gusta mucho... además los jueves suelo cenar con mis padres.

Fernando: Ya... pues sí que estás ocupada. Bueno, ¿Por qué no hacemos algo el fin de semana?

Elena: Ah... es que el fin de semana... voy de viaje con mi novio a Roma.

Fernando: Oh... ¿tienes novio?

Elena: Pues sí, se llama Roberto y hace 6 meses que salimos juntos. Lo siento, Fernando, tengo que ir a trabajar.

Fernando: Claro, claro. Bueno, pues hasta otro día.

Pista 44

5. Escucha con atención y contesta a las siguientes preguntas

Juan: Laura, éste es Carlos, un amigo de mi hermano. Vive en este piso con otros cinco chicos.

Laura: Hola, ¿qué tal?

Carlos: Muy bien, gracias. ¿Qué te parece la fiesta?

Laura: ¡Está genial! Pero la música está tan alta… ¿no te preocupan los vecinos?

Carlos: No pasa nada, si los vecinos están en la fiesta. Mira, son aquella pareja que está en el sofá.

Laura: ¿Esos chicos tan borrachos son tus vecinos?

Carlos: Sí, han bebido demasiada cerveza, ¿verdad?

Laura: Bueno, qué suerte tienes… ¿y a qué hora termina la fiesta?

Carlos: Pues no sé. Supongo que nos acostaremos a las cinco o seis de la mañana. Lo malo es que mañana me tengo que levantar a las nueve, porque tengo que coger un tren para ir a mi pueblo.

Laura: Vaya, qué pena. ¿Y quién va a limpiar el piso mañana?

Carlos: ¡Ni idea! Yo no puedo. Pero Juan va a estar aquí todo el día, porque su madre viene de visita. A lo mejor su madre puede limpiar el piso…

Laura: ¡La madre de Juan! ¡Qué cara tienes!

UNIDAD 11

Pista 45

1. Escucha estas frases y tradúcelas a tu idioma

a) Antes siempre nevaba en invierno.

b) Hace 10 años vivíamos en Santander.

c) El año pasado estudiaban en Inglaterra.

d) Cuando era pequeña iba mucho al parque.

e) Antes hacías la compra en tiendas pequeñas.

f) Cuando erais estudiantes bebíais mucho.

g) Siempre estábamos enfadados con mis padres.

Pista 46

2. ¿Cómo era su vida antes? Práctica del imperfecto

1. Soy Paco. Estoy estudiando en Santiago, pero soy de Madrid. Mi vida ha cambiado mucho desde que estudio aquí. Antes vivía con mi familia, y era muy aburrido porque no tenía suficiente libertad. Tenía que pedir permiso a mis padres para hacer cosas, y no podía llegar tarde a casa por las noches. Ahora vivo con otros estudiantes, y puedo hacer todo lo que quiera. Otra cosa que me gusta de Santiago es que como es una ciudad pequeña, puedo ir a pie a todas partes. Cuando vivía en Madrid, dependía del bus o del metro para desplazarme por la ciudad: era muy caro y perdía mucho tiempo en los viajes. Lo bueno de vivir con mis padres es que antes no tenía que hacer nada en casa, ellos hacían la comida, limpiaban y hacían el resto de las tareas domésticas. Yo ayudaba un poco, pero nada más. Pero ahora es muy diferente, tengo que hacer todo yo: la comida, la limpieza, comprar comida, etc. ¡Es agotador! Creo que compensa vivir con la familia.

2. Soy Lisa, soy de Oviedo pero estudio en Barcelona. Me gusta vivir en Barcelona, pero es una ciudad muy cara: antes necesitaba menos dinero para salir, y podía cenar fuera varias veces por semana. Ahora tengo que tener más cuidado con el dinero. Pero lo bueno de Barcelona es que hay una gran variedad de sitios diferentes para salir: restaurantes de todo tipo, cafeterías preciosas, etc. Oviedo es muy bonito, pero hay menos elección. Lo que no me gusta de Barcelona es que algunas zonas son muy peligrosas. Ahora no voy por la calle sola de noche, en cambio, cuando vivía en Oviedo, podía volver sola a

casa a las cinco de la mañana sin problema, porque es una ciudad muy tranquila donde no suele haber violencia.

Pista 47

3. ¿Qué les pasa a estas personas?

Doctora: Buenos días, ¿en qué puedo ayudarle?

Paciente: Me encuentro muy mal. Me duele la cabeza constantemente, y me mareo muy a menudo. Además, siempre estoy cansada, y parece que nunca tengo energía.

Doctora: ¿Qué tal es su dieta? ¿Come suficiente fruta y verduras?

Paciente: Bueno, la verdad es que no, porque tengo tanto trabajo en estos momentos que no tengo tiempo de pensar en la comida.

Doctora: Mire, probablemente tenga un poco de anemia. Voy a recetarle unas pastillas que le van a sentar muy bien.

Paciente: Muchas gracias.

Doctora: Pero recuerde, es muy importante mantener una dieta equilibrada para recuperarse de la anemia. Es imprescindible tomar mucha fruta, carne y pescado.

Paciente: Tiene razón, muchas gracias.

Doctora: Buenas tardes.

Paciente: Buenas tardes, doctora. He venido a verla porque últimamente no me encuentro nada bien. Tengo mucha tos, y además a veces noto palpitaciones y mareos. Además, como tengo muchos problemas en el trabajo y en casa, estoy siempre estresado.

Doctora: ¿Fuma usted?

Paciente: Pues sí, unos 20 cigarrillos al día.

Doctora: ¿Tiene usted una dieta equilibrada?

Paciente: Bueno, no mucho. Tomo demasiada grasa y carne, y pocas verduras. Es que las verduras no me gustan nada.

Doctora: Ya veo. ¿Y bebe alcohol?

Paciente: Pues un poco, para relajarme. Normalmente una botella de vino con la cena, y un par de cervezas después del trabajo.

Doctora: Tiene usted una vida muy poco sana. Parece que tiene problemas de corazón causados por el estrés y por su dieta. Lo primero que tiene que hacer es dejar de fumar y empezar a comer mejor. Además, debería hacer ejercicio todas las semanas.

Paciente: Es que a mí eso del deporte no me gusta mucho.

Doctora: …Y tiene que hacerse unos análisis de sangre.

Doctor: Buenas tardes.

Paciente: Buenas tardes. Estoy preocupada porque me duele mucho el brazo. Ayer me caí cuando limpiaba las ventanas de casa, y ahora tengo el brazo rojo e hinchado.

Doctor: A ver… sí, tiene usted razón, tiene el brazo roto. Es normal que le duela tanto.

Paciente: Qué pena. Fue una caída tonta.

Doctor: Tiene que tener más cuidado.

Paciente: Tiene razón. ¿Puede darme algo para el dolor?

Doctor: Sí, mire, estas pastillas son muy buenas. Tómese dos pastillas tres veces al día, después de cada comida. También es muy importante que descanse y que beba mucha agua.

Paciente: Muchas gracias, doctor.

Pista 48

4. ¿Qué te pasó ayer? Escucha qué pasó a estos estudiantes, y contesta las preguntas correspondientes

Marcos: Marta, ¿por qué sonríes tanto? Ha pasado algo…

Marta: Ay, Marcos, es que ayer conocí al hombre de mi vida. Fue tan romántico...

Marcos: ¿De verdad? Cuéntame qué pasó.

Marta: Pues mira, iba por la calle mirando tiendas, tan tranquila. Y de repente un chico alto y guapísimo se acercó a mí y me preguntó cómo se iba a la Facultad de Derecho.

Marcos: ¡A la Facultad! ¿Y era estudiante? Porque todos los estudiantes saben ir a sus facultades...

Marta: Pero es que es extranjero, tonto, es un chico francés con un acento de lo más sexy. Pues estuvimos hablando todo el camino, y me explicó que era un estudiante Erasmus que acababa de llegar a España. Al llegar a la Facultad nos fuimos a tomar un café...

Marcos: ¿Un café? ¿Y no fuiste a clase?

Marta: Bueno, ¡es que una oportunidad así pasa una vez en la vida! El caso es que tengo su teléfono, y vamos a vernos el fin de semana.

Marcos: ¡Pues buena suerte!

Profesora: Hola, Manolo, ¿qué te pasó ayer? No viniste a clase.

Manolo: Buenos días, profesora Iglesias, no se va a creer qué me pasó. Estaba de camino a la universidad, iba con prisa porque era un poco tarde. De repente, un chico que iba en una moto pasó por mi lado y me robó la cartera, donde llevaba mis libros...

Profesora: Ya veo...

Manolo: Y claro, con los libros estaba mi trabajo para su asignatura. De verdad, tiene que creerme... ¿qué va a pasar ahora?

Profesora: Pues no sé. ¿Denunciaste el robo a la policía?

Manolo: Bueno, no, porque es que no sabe qué pasó luego... iba de camino a la comisaría para hablar con la policía, y mientras andaba por la calle un hombre me intentó atracar, y como no tenía dinero se puso como un loco, y acabé en el hospital. No sabe cómo lo siento...

UNIDAD 12

Pista 49

1. Planes para el verano

1. Francisco: Mi novia y yo vamos a pasar el verano en un pueblo de Aragón. Trabajaremos como voluntarios con una organización que se dedica a restaurar pueblos abandonados, que son muy numerosos en esa parte de España. Yo estudio Arquitectura, y me encargaré de levantar edificios caídos. Mi novia estudia Bellas Artes, y se encargará de restaurar las pinturas de la iglesia del pueblo. Vamos a trabajar en un equipo internacional, con voluntarios de todas partes del mundo. Creo que es una idea fenomenal para pasar nuestro tiempo libre, haciendo algo que nos gusta y que es útil para otras personas. Lo malo es que el alojamiento es muy básico, por ejemplo, no hay agua caliente en las duchas.

2. Elena: Yo voy a pasar el verano estudiando, ¡qué aburrimiento! La verdad es que este año no estudié mucho para los exámenes, porque tuve un accidente de coche bastante serio y estuve en el hospital mucho tiempo. Así que voy a ir a la casa de mis abuelos en el pueblo, porque allí no hay distracciones y es más fácil concentrarse. Además, tienen una granja con muchos animales, y también puedo ayudarlos. Lo malo es que no podré ver a mi novio, lo voy a echar mucho de menos.

3. Luis: Yo voy a pasar las vacaciones haciendo prácticas laborales en una empresa de Madrid. Es una empresa que se dedica a la importación de productos alimenticios de Francia. Como yo estudio Filología Francesa, es una buena oportunidad de ganar un poco de experiencia en ese campo. Lo malo es que trabajaré muchas horas y ganaré muy poquito dinero. Pero lo bueno es que voy a aprender mucho sobre el mundo del comercio internacional.

Pista 50

2. ¿Cómo te ves dentro de diez años? Verdadero o falso

1. Mateo: Dentro de diez años estaré casado y tendré por lo menos tres hijos. Trabajaré en la industria del automóvil, diseñando coches y sistemas de seguridad. Me imagino que mi mujer será una alta ejecutiva de alguna empresa multinacional, porque me gustan las mujeres fuertes y con ambición profesional. Y seremos muy felices, ¡eso espero!

2. Montse: No soy muy optimista, porque la verdad es que nunca tengo mucha suerte. Creo que dentro de diez años las cosas seguirán igual que ahora, más o menos. Seguiré trabajando como recepcionista en este hotel, de ocho a diez horas todos los días. No voy a encontrar novio, porque los chicos nunca muestran interés por mí. Los fines de semana iré a la casa de mis padres del pueblo, y esa será toda mi vida social. Mejor no pensar en el futuro...

3. Begoña: Es difícil decir cómo va a ser mi vida dentro de diez años. Bueno, creo que trabajaré en el campo del turismo, porque es lo que he estudiado en la universidad. Eso me permitirá viajar a otros países y conocer a gente interesante, aunque el problema de viajar mucho es que nunca estás en el mismo sitio mucho tiempo y es difícil formar amistades duraderas.

Pista 51

3. Las cartas del Tarot. Identifica los errores entre las predicciones de las cartas y la realidad

Diálogo 1

Cliente: ¿Qué dicen las cartas?

Tarotista: Por lo que veo, este año va a traerle mucha suerte. Aquí veo que va a conseguir un trabajo muy bueno en una gran empresa, y que va a viajar por todo el mundo.

Cliente: ¿De verdad? Pero si ahora trabajo como cajera en un supermercado, parece increíble que pueda ser ejecutiva...

Tarotista: Pues sí, las cartas lo dicen bien claro. Y además, va a salir en televisión.

Cliente: ¿Sí? ¿En qué programa?

Tarotista: Eso no lo sé exactamente, pero es un programa relacionado con los amores de personas famosas.

Cliente: ¡Qué bien, son mis programas favoritos! ¿Significa eso que voy a tener un novio famoso?

Tarotista: Pues vamos a ver... va a conocer a un hombre alto y atractivo, de buen nivel económico y cultural, y habrá boda antes del final del año.

Cliente: ¿De verdad? ¡Es maravilloso! ¿Y en qué trabaja mi futuro marido?

Tarotista: Pues en algo relacionado con el cine, quizá un actor famoso o algo así.

Cliente: ¡Dios mío, no puedo creerlo! Muchas gracias por toda su ayuda. Aquí tiene sus 100 euros.

Diálogo 2

Cliente: ¿Ve algo interesante en las cartas?

Tarotista: Bueno, veo algo… Vaya, parece que va a cambiar de trabajo.

Cliente: ¿Sí? Qué raro, porque yo estoy contento con el trabajo que tengo. ¿Es una promoción?

Tarotista: Bueno, no exactamente… Las cartas dicen que va a perder su trabajo, y que va a estar en paro una larga temporada.

Cliente: ¿Cómo puede ser?

Tarotista: Pues… usted trabaja con su mujer, ¿no es así?

Cliente: Sí, la conocí cuando empecé a trabajar, ella era mi jefa. Bueno, todavía es mi jefa.

Tarotista: Ya. Las cartas dicen que su mujer va a empezar una nueva relación amorosa con un compañero de trabajo… y que en consecuencia usted será despedido.

Cliente: ¡No es posible! ¡Usted está mintiendo! ¡Es una impostora!

Tarotista: Lo siento, pero esa es la verdad…

Pista 52

4. Festividades en América Latina. Escucha esta información sobre el Día de los Muertos y el Día de la Raza, y escribe un resumen en tu idioma

1. El Día de los Muertos es una celebración muy tradicional en México. Durante los días 1 y 2 de noviembre, los mejicanos recuerdan a sus familiares fallecidos con una gran fiesta en la que se cocinan los platos favoritos de la persona muerta. Es costumbre hacer altares adornados con flores y fotografías del fallecido, y poner ofrendas de dulces y alcohol para que el muerto pueda comer y beber por un día al año. Un dulce muy tradicional es el pan de muertos, que normalmente tiene forma de calavera o de huesos. Aunque este es un día para recordar a los familiares que se han muerto, no es un día triste, sino lleno de alegría.

2. El Día de la Raza conmemora el descubrimiento de América, y tiene lugar el 12 de octubre. En esta fecha, tienen lugar muchas celebraciones en diferentes países latinoamericanos para celebrar su lengua y origen común. A menudo se reúnen personas de diferentes razas y nacionalidades para compartir costumbres y comidas típicas de su cultura. Sin embargo, la celebración de este día es polémica. El descubrimiento de América trajo como consecuencia la exterminación de millones de indígenas a manos de los españoles, que impusieron su cultura, lengua y religión con extrema violencia. Debido a esto, son muchos los latinoamericanos que utilizan este día no como una celebración, sino como una conmemoración de una cultura perdida.

UNIDAD 13

Pista 53

1. ¿Cuáles son los grandes problemas ecológicos de España?

1. Mónica: En mi opinión, el problema más grave en este momento es la escasez de agua. En la mitad sur de España no hay suficiente agua para la agricultura, los ríos son pocos y muchos se secan todos los años.

2. Arturo: Yo creo que el peor problema ecológico es la contaminación. Cada vez hay más coches en las carreteras, y en consecuencia la atmósfera está cada vez más contaminada.

3. Susana: Pues yo opino que el peor problema son los incendios forestales. España es un país muy seco, y las pocas zonas verdes que hay son muy vulnerables a los incen-

dios. La gente tendría que tener mucho cuidado cuando usa fuego.

Pista 54

2. ¿Te gustaría ser millonario?

1. Pues mira, la verdad es que no. Si fuera millonario no estaría tranquilo, porque mucha gente se acercaría a mí para pedirme dinero, o para robármelo.

2. A mi sí que me gustaría ser millonaria, porque no tendría las preocupaciones económicas que tengo ahora. Además, si tuviera mucho dinero podría ayudar a mi familia, que está pasando por dificultades en este momento.

3. ¡Claro que me gustaría ser millonario! Es verdad que el dinero no da la felicidad, pero sí que ayuda…

4. No me gustaría, creo que no sabría qué hacer con el dinero. Pero sí me gustaría tener lo suficiente para una vida sin preocupaciones.

Pista 55

3. Sólo cinco euros… ¿Qué haría Carlos con sólo cinco euros para el fin de semana? Rellena su lista de la compra

Profesora: Carlos, imagínate que es sábado, y que sólo tienes cinco euros para el fin de semana.

Carlos: ¿Cinco euros? ¡Eso no es suficiente para el fin de semana!

Profesora: Ya, ¿pero que harías?

Carlos: Pues… vamos a ver. Tendría que comer, claro, y si comiera en restaurantes no tendría suficiente ni para la primera comida. Así que compraría pan para hacer bocadillos, y algo más, como queso o jamón.

Profesora: Con eso gastarías aproximadamente 1 euro y medio. ¿Y qué harías en tu tiempo libre?

Carlos: Pues obviamente no podría salir de copas con mis amigos, porque las bebidas cuestan un mínimo de 2 euros en los bares… Ya sé, compraría unas cervezas y las bebería en casa.

Profesora: Bueno, ¡sólo podrías comprar dos cervezas!

Carlos: Sí, qué mal, vaya fin de semana. Bueno, y no podríamos ir ni al cine, porque normalmente una entrada de cine cuesta unos seis euros… Bueno, y creo que llamaría por teléfono a mis amigos y veríamos un partido de fútbol en la televisión, que es gratis.

Profesora: No es un mal plan, la verdad.

Pista 56

4. ¿Qué podríamos hacer para ser más ecológicos?

A. Podríamos reciclar más. La gente no se molesta en separar la basura en papel, cristal, plástico, etc. No lleva demasiado tiempo y tiene un efecto muy positivo para el medio ambiente.

B. Creo que todos deberíamos consumir menos. Cuanto más se consume, más energía se utiliza y más basura se genera. Sería mejor tener una vida más austera, y por ejemplo, comprar cosas de segunda mano y reparar los objetos que se estropean, en vez de comprar cosas nuevas constantemente. Antes de comprar algo nuevo, todos deberíamos pensar: ¿lo necesito?

C. Tendríamos que usar medios de transporte que no generen gases tóxicos, como las bicicletas, por ejemplo. Deberíamos utilizar el coche y el avión cada vez menos. El avión es el medio de transporte que más contamina, y la gente cada vez vuela más, sin pensar en las consecuencias. Lo mejor sería usar el transporte público a diario, y durante las vacaciones, intentar viajar a lugares cercanos para no tener que coger un avión.

D. El uso de energías alternativas es la mejor opción de cara al futuro, porque son fuentes energéticas baratas, renovables y que no dañan el medio ambiente. El problema es que actualmente no se utilizan mucho. Creo que el gobierno debería financiar su investigación, para proteger el planeta.

UNIDAD 14

Pista 57

1. Práctica del subjuntivo: completa la tabla

a) Quiero que vengas
b) Espero que me llames
c) Necesitamos que terminen pronto
d) Deseo que te guste
e) Quieren que los llames
f) Necesitas que te ayudemos.

Pista 58

2. ¿Cómo reacciona esta gente ante estas noticias?

Estudiante: Profesor Iglesias, mañana no puedo ir a su clase porque no me encuentro bien.

Profesor: No te preocupes, que te mejores.

Chica 1: Estoy cansadísima, me voy a la cama.

Chica 2: Que duermas bien."

Chica 3: El sábado, Carlos y yo nos vamos de vacaciones a los Pirineos.

Chica 4: Que lo paséis bien.

Chico 1: Este viernes tengo mi primera cita con esa chica tan fantástica que conocí en la fiesta de Arturo. Ojalá que todo salga bien.

Chico 2: Ay, Pedro, que tengas mucha suerte."

Chico 3: ¡Qué nervios, mañana tengo mi primer examen!

Chico 4: Que te salga bien.

Chico 5: María, acabo de ver a tu ex-novio con otra chica.

Chico 6: No me importa; ¡por mí, que se muera!

Pista 59

3. Revista La Calle. ¿De qué se quejan estos lectores?

Mensaje 1

Voz del contestador: Revista La Calle, deje su mensaje después de la señal.

Hombre 1: Buenas tardes, llamo para quejarme por su artículo sobre la inmigración en España. Es una vergüenza que tengan opiniones tan racistas sobre este tema. Los inmigrantes están ayudando mucho a la economía española, y necesitan que la sociedad los ayude a integrarse. Espero que los siguientes artículos sobre este tema sean más razonables.

Mensaje 2

Voz del contestador: Revista La Calle: deje su mensaje después de la señal.

Mujer 1: Buenos días. Quiero expresar mi repugnancia por su artículo sobre las modelos adolescentes. Es increíble que una revista respetable como La Calle utilice fotografías de niñas claramente anoréxicas como si fueran una norma de belleza. Espero que utilicen modelos mayores y de una talla más sana en el futuro.

Mensaje 3

Voz del contestador: Revista La Calle: deje su mensaje después de la señal.

Hombre 2: Buenas tardes, llamo en relación con su artículo sobre el uso de la marihuana entre los jóvenes. Es indignante que muestren opiniones tan tolerantes en cuanto al uso de esta droga. Es peligroso difundir ideas de este tipo entre los jóvenes, que son tan vulnerables. Espero que en sus siguientes artículos condenen el uso de cualquier tipo de droga.

Pista 60

4. ¿Qué opinas de las corridas de toros?

Chico: En mi opinión, las corridas de toros son una parte importante de la cultura española y es importante que la gente las respete.

Chica: Es increíble que pienses eso. El toreo es un crimen. ¿Por qué tenemos que matar a un animal sólo por diversión?

Chico: También matas a un animal cuando te lo comes. A menos que seas vegetariana, claro.

Chica: Perdona, pero es muy diferente. En ese caso no matas para divertirte, sino para sobrevivir.

Chico: Lo siento, pero no estoy de acuerdo. Los toros llevan una vida idílica antes de morir: tienen los mejores cuidados, la mejor comida… Dudo que los animales que tú te comes hayan tenido una vida tan buena como los toros.

Chica: Es posible que en eso tengas razón. Pero sigue siendo un crimen.

Chico: Mira, las corridas de toros son un arte.

Chica: Eso es una tontería. ¡Matar no puede ser artístico! ¿Por qué dices eso?

Chico: Porque el toreo tiene un ritual especial, con muchos años de tradición. Y los toreros demuestran mucha valentía.

Chica: Es increíble que tengas esa opinión. Está claro que nunca nos pondremos de acuerdo.

Pista 61

5. ¿Cómo es un buen estudiante? Tres profesores dan su opinión

Profesor 1: En mi opinión, hay dos características comunes a todo buen estudiante. Una es la capacidad de sacrificio; es decir, ser capaz de sentarse delante de los libros todos los días. No es siempre necesario pasar horas y horas, lo importante es que se estudie con regularidad. Otra cosa esencial es ser bien organizado y tener un método de estudio que funcione. La planificación es fundamental para lograr un buen resultado: por ejemplo, que el alumno tenga sus apuntes ordenados y al día, que las dudas y preguntas hayan sido resueltas por el profesor, etc.

Profesora 1: Es fundamental que los alumnos sean constantes; es decir, que no dejen todo el trabajo para el último momento. De nada sirve estudiar diez horas el día antes del examen, porque hay conceptos clave que hay que entender. También es fundamental mostrar interés en clase, hacer preguntas al profesor, demostrar que se entiende la explicación, etc. En este sentido, una buena asistencia y una relación estrecha con el profesor son de gran ayuda.

Profesor 2: Algo que en mi opinión es esencial es que el alumno tenga un buen sitio para estudiar, ya sea una biblioteca silenciosa o una habitación con suficiente luz natural. Es decir, un sitio donde no sea molestado y pueda concentrarse. También es importante que el alumno haga un esfuerzo por dormir al menos 8 horas diarias, especialmente el día anterior al examen. Ese día no debe ser un día de mucho trabajo, sino de descanso.

SOLUCIONARIO

UNIDAD 1

El blog de Sonia (p. 9)

a) No, es inglesa.
b) Porque es una estudiante Erasmus.
c) Es una amiga de Sonia, es alemana.
d) Inglés, alemán, español y francés.
e) Porque sólo habla inglés… y un poco de español.

Gramática (p. 12)

Ejercicio 1

a) es
b) soy
c) es
d) eres
e) son
f) somos
g) es
h) eres … soy
i) sois
j) es

Nota cultural (p. 13)

a) Verdadero
b) Falso. Hay estudiantes de muchas partes del mundo.
c) Falso. Es un número grande.
d) Verdadero.
e) Verdadero.

Actividades escritas (p. 14)

Ejercicio 1

a) inglés
b) Alemania
c) suiza
d) japonesa
e) Estados Unidos
f) turco

Actividades auditivas (p. 16)

Pista 1. Ejercicio 1

a) Eres español
b) Soy María
c) Es estudiante
d) Somos profesores
e) Son interesantes
f) Eres Roberto
g) Sois franceses

Pista 2. Ejercicio 2

	Nombre	Nacionalidad	Residencia
A	Hugo	México	Estados Unidos
B	Elvira	Española	Francia
C	Claudia	Argentina	Inglaterra
D	Eugenia	Cuba	Alemania

Pista 3. Ejercicio 3

Facultad: Farmacia
Universidad de: Alicante
Nombre: Ángela Ferrer
Lugar de nacimiento: Argentina
Dirección: af21@telefonica.es
Teléfono: 643788212

Pista 4. Ejercicio 4

a) 54 euros
b) 13 euros
c) 83,5 euros
d) 15 euros
e) 65,80 euros
f) 96,33 euros
g) 12 euros
h) 42,56 euros
i) 15,10 euros
j) 62,90 euros

Mis viajes (p. 17)

a) Una amiga de Sonia. Es inglesa.
b) En el sur de España.
c) Es la torre de la catedral de Sevilla.
d) Muchos edificios interesantes, como la catedral y el Alcázar. También hay parques y jardines.
e) Porque es una ciudad muy bonita.

UNIDAD 2

El blog de Sonia (p. 19)

a) Porque es una familia muy grande.
b) Seis en total: los padres, los hijos, la abuela y Sonia.
c) Raúl es el padre de Rosa y Pablo.
d) En una librería.
e) No.
f) Totó es el perro de la familia Perales.

Vocabulario (p. 20)

Ejercicio 2

a) Nuria es la hermana de Beatriz.
b) Sergio es el padre de Fran.
c) Vicente es el primo de Sole.
d) David es el tío de Fran.
e) Sergio es el marido de Cecilia.
f) Eleonor es la abuela de Cristina.
g) Roberto es el nieto de Pablo.

Ejercicio 3

a) mil cuatrocientos treinta y cinco.
b) siete mil quinientos doce.
c) veinte mil seiscientos noventa y ocho.
d) ciento cuatro mil trescientos noventa.
e) quinientos doce mil setenta y seis.
f) dos millones, cuatrocientos tres mil trescientos ochenta y ocho.
g) siete millones, quinientos cincuenta mil trescientos quince.

Gramática (p. 22)

Ejercicio 1

a) Los dormitorios son pequeños.
b) La profesora es mejicana.
c) Los libros están en las bibliotecas.
d) La hermana de Jorge está cansada.
e) Las universidades son muy internacionales.
f) La gata es grande.

Nota cultural (p. 23)

a) Falso. Lo más importante es la familia.
b) Falso. Casi el 38% viven con sus familias.
c) Falso. En Italia, más jóvenes de entre 25 y 34 años viven con sus familias.
d) Verdadero.
e) Verdadero.

Actividades escritas (p. 24)

Ejercicio 1

a) feo
b) bajo
c) corto
d) delgado
e) pequeño
f) aburrido
g) triste

Actividades auditivas (p. 26)

Pista 5. Ejercicio 1

Facultad: Medicina
Universidad de: Santiago de Compostela
Nombre: Carlos Suárez Cruz
Edad: 26 años
Lugar de nacimiento: San Sebastián
Dirección: Calle Martínez Ríos
Teléfono: 660 889 013

Pista 6. Ejercicio 2

1. Familia B
2. Familia D
3. Familia A
4. Familia C

Pista 7. Ejercicio 3

a) 981 33 67 41
b) 670 237 612
c) 680 025 521
d) 988 57 09 13
e) 915 77 14 00
f) 915 82 15 92

Pista 8. Ejercicio 4

a) 5
b) 6
c) 4
d) 3
e) 1
f) 2

Pista 9. Ejercicio 5

	Ojos	Pelo	Boca	Esta- tura	Peso
1ª per- sona	grandes y ma- rrones	rubio	bastante pequeña	alta	75 kg
2ª per- sona	peque- ños y verdes	moreno	muy gran- de	alto	65 kg
3ª per- sona	azules	rubia	normal, ni grande ni pequeña	baja	55 kg

Mis viajes (p. 27)

a) Porque es el Día del Pilar.
b) Es un día festivo (en realidad una semana), de fiestas y actividades culturales.
c) No, tiene aspectos sociales y culturales importantes.
d) Sí, las calles están llenas de gente.
e) Sí, tiene un centro histórico muy interesante.

UNIDAD 3

El blog de Sonia (p. 29)

a) Es muy antigua y tiene muchos estudiantes españoles y extranjeros.
b) No. Tiene una zona antigua que se llama el casco viejo, y una zona moderna que se llama el casco nuevo.
c) Porque tiene mucha vida, especialmente de noche.
d) Sí, porque es muy céntrico y está cerca de bares y restaurantes.
e) Sí, está muy contenta.

Vocabulario (p. 30)

Ejercicio 1

a) Porque es grande, moderna y tiene un jardín muy bonito.
b) No, porque está bien comunicada con el centro.
c) No, está bastante lejos del centro.
d) Es pequeño, sucio y viejo.
e) Porque no tienen dinero.

Ejercicio 3

a) El médico trabaja en el hospital.
b) La enfermera trabaja en el hospital.
c) El conductor trabaja en el servicio de autobuses del ayuntamiento.
d) El dependiente trabaja en la tienda de ropa / supermercado / kiosco.
e) El peluquero trabaja en la peluquería.
f) El administrativo trabaja en el ayuntamiento / colegio.
g) El policía trabaja en la comisaría.
h) El camarero trabaja en la cafetería.
i) La profesora trabaja en el colegio.
j) La cocinera trabaja en la cafetería.

Gramática (p. 31)

Ejercicio 1

a) es
b) es
c) está
d) está
e) es

f) son
g) estáis
h) es
i) es
i) está … está

Actividades escritas (p. 32)

Ejercicio 1

Q	E	P	R	F	V	A	I	T	H	J	M	O
U	S	A	I	L	O	B	F	R	E	B	I	M
E	R	R	Z	E	P	L	P	I	P	G	F	C
T	I	Q	P	O	L	N	U	G	E	C	N	M
S	I	U	J	Q	A	D	S	L	A	Y	P	I
V	F	E	V	U	Z	M	O	I	S	M	K	L
T	I	E	N	D	A	C	L	H	F	D	E	A
A	Q	R	P	L	K	H	U	D	X	Y	H	O
Z	T	G	H	U	L	I	G	L	E	S	I	A

Nota cultural (p. 33)

a) Las Comunidades Autónomas son las regiones españolas.
b) Es otro nombre para el idioma español.
c) Porque el clima es caluroso y la gente está mucho en la calle.
d) Uno. Español / castellano
e) Respuesta libre

Actividades auditivas (p. 35)

Pista 10. Ejercicio 1

Frase	Persona gramatical	Significado en tu idioma
Es muy interesante	Es (él / ella / ud.)	¿?
Son franceses	Son (ellos)	¿?
Estamos en Barcelona	Estamos (nosotros)	¿?
Soy bastante alta	Soy (yo)	¿?
Están tristes	Están (ellos/ellas/ustedes)	¿?
Eres muy guapo	Eres (tú)	¿?
Está un poco cansada	Está (ella)	¿?
Estoy enfadada con Pedro	Estoy (yo)	¿?
Estás bastante enfermo	Estás (tú)	¿?
Somos estudiantes de Medicina	Somos (nosotros)	¿?

Pista 11. Ejercicio 2

a) Marta - Alicante
b) Fernando - Málaga
c) Dora - Segovia
d) César - Salamanca
e) Leticia - La Coruña
f) Rafa - Girona

Actividades auditivas (p. 36)

Pista 12. Ejercicio 3

- La habitación del estudiante es muy pequeña y no tiene ventana.
- El piso no es céntrico.
- Hay otros estudiantes franceses en su piso.
- Vive con una familia marroquí, no española.
- No hay ordenador en su piso.

Pista 13. Ejercicio 4

	Claudia	Lisa	Ramón
¿dónde vive?	Argentina	Afueras de Madrid	Santander
miembros de su familia	7. Madre, padre, 3 hermanos, abuela y Claudia.	10. Madre, marido de su madre, 3 hermanos, abuelos, tío, prima Paula y Lisa.	2. Ramón y su madre.
animales de compañía	Un perro que se llama Charli.	Ninguno	Dos gatos
profesión de los padres	Madre: administrativa. **Padre: mecánico**	Madre: ama de casa	Madre: peluquera
tipo de casa	tamaño normal	una casa enorme	un piso pequeño

Pista 14. Ejercicio 5

Primer hablante:

a) Verdadero.
b) Verdadero.
c) Verdadero.

Segundo hablante:

d) Falso. Vive en las afueras de Bilbao.
e) Verdadero.
f) Verdadero.
g) Falso. Trabaja como escritora en su casa.

Tercer hablante:

h) Falso. El piso tiene poca luz natural.
i) Falso. Siempre está limpio y ordenado.
j) Verdadero.

Mis viajes (P. 37)

a) Porque hay puente y tiene cuatro días libres.
b) …….
c) Hay siete playas en la ciudad.
d) Es el idioma que se habla en Barcelona, además del español.
e) Son ruidosas porque están en el centro.

UNIDAD 4

El blog de Sonia (p. 39)

a) Porque habla español todo el día.
b) En Santiago hay más horas de clase y más alumnos por aula que en Inglaterra.
c) Porque es una ciudad más pequeña y no necesitas metro o bus para todo.
d) Es una ciudad más peligrosa que Santiago.

Gramática (p. 41)

a) más tranquilo que
b) menos dinero que
c) tan viejo como
d) más de 15.000 libros
e) más difícil que
f) tan fácil como
g) menos interesante que el
h) mejor que

Nota cultural (p. 43)

a) Falso. Las diferencias son interesantes.
b) Falso. Hay pocas grandes ciudades en el interior solamente.
c) Verdadero.
d) Falso. Son las partes de más actividad de las ciudades.
e) Verdadero.

Actividades auditivas (p. 46)

Pista 15. Ejercicio 1

Silvia	Laura	Manuel	Emilio
Edad: 20 años	Edad: 18 años	Edad: 24 años	Edad: 26 años
Estudiante de ~~Ciencias~~ *Arquitectura*	Estudiante de Ingeniería	Estudiante de Medicina	Estudiante de ~~Enfermería~~ *Farmacia*
Estatura: 1,70 m.	Estatura: 1,62 m	Estatura: 1,92 m	Estatura: ~~1,86 m~~ *Es más alto que Manuel*
Peso: ~~78~~ *58*	Peso: 58	Color de ojos: verdes	Color de ojos: marrones
Intereses: televisión	Intereses: lectura	Peso: ~~65~~ *67* kg	Peso: 80 kg
~~No~~ *Sí* tiene novio	~~No~~ *Sí* tiene novio	~~No~~ *Sí* tiene novia	*No tiene novia*

Pista 16. Ejercicio 2

a) Despacho del profesor Domínguez: Cuarta planta, al final del pasillo.
b) Aula de la clase de literatura española: Segunda planta, al lado de la fotocopiadora.
c) Los servicios: Segunda planta, después de las aulas.
d) Cafetería de la Facultad: Planta baja, a la izquierda de la entrada principal.
e) Sala de ordenadores: Tercera planta, entre la sala de proyecciones y el aula 312.

Pista 17. Ejercicio 3

a) Catedral: Todo recto por la calle de la Serna, primera calle a la izquierda, todo recto. Al final de la calle hay una plaza grande, y la catedral está allí, en frente del ayuntamiento.
b) Oficina de Relaciones Internacionales: Primera calle a la derecha. Cuando llegues al polideportivo, tuerce a la derecha. La Oficina de Relaciones Internacionales está al lado de la Facultad de Biología.
c) Estación de tren: Coge la calle República Argentina, y cuando pases el cine Avenida, tuerces a la izquierda. Vete todo recto hasta la rotonda. Ahí hay una gasolinera muy grande: la estación está en frente de la gasolinera.

Mis viajes (p. 47)

a) Porque los días 6 y 8 de diciembre (miércoles y viernes) son festivos.
b) Navacerrada está cerca de Madrid, a unos 70 km.
c) Porque hay mucha nieve.
d) No, es muy fácil, es todo recto.
e) Porque es más barata que una casa en Navacerrada.

UNIDAD 5

El blog de Sonia (p. 49)

a) Porque quiere conocer las costumbres españolas en Navidad.
b) No, el clima es muy variado.
c) Normalmente hace frío y llueve.
d) Va a cenar en casa de Rosa.
e) Es una tradición española: trae suerte para el año nuevo.

Gramática (p. 50)

Ejercicio 1

a) abrimos
b) come
c) trabaja
d) pagas
e) estudian
f) vivo
g) leen
h) llamáis
i) hablan

Actividades escritas (p. 51)

Ejercicio 1

a) Son las dos menos cuarto.
b) Son las dos y veinte.
c) Son las tres.
d) Son las doce y cuarto.
e) Son las nueve y media.
f) Son las diez menos diez.
g) Son las cinco y cinco.
h) Son las seis menos cinco.

Nota cultural (p. 53)

a) Verdadero.
b) Falso. Están relacionados con el niño Jesús.
c) Falso. Son de diferentes países del Oriente.
d) Verdadero.
e) Falso.

Actividades auditivas (p. 55)

Pista 18. Ejercicio 1

verbo	persona gramatical	significado en tu idioma
Tenemos	nosotros	?
Hablas	tú	?
Comen	ellos	?
Vivo	yo	?
estudia	él	?
Practican	ellos	?
Escuchamos	nosotros	?
Termináis	vosotros	?

Pista 19. Ejercicio 2

1. 10:30
2. 03:55
3. 02:45
4. 02:30
5. 05:20
6. 07:55
7. 09:25
8. 09:45
9. 12:10
10. 01:05

Pista 20. Ejercicio 3

	Estudios	Clima de su región de origen	Diferencias con el clima de Santiago
Luis	Medicina	Las Palmas de Gran Canaria: clima similar todo el año.	En Santiago el clima cambia con las estaciones.
Laura	Empresariales	Madrid: clima muy seco. Temperaturas extremas: mucho frío en invierno y mucho calor en verano.	En Santiago el clima es más húmedo y hay menos diferencia de temperatura entre las estaciones.
Roberto	Filología Alemana	Málaga: hace calor todo el año, en invierno un poco más fresco. Mucho calor en verano y muy seco.	En Santiago hace bastante calor en verano, pero el invierno es más frío.

Pista 21. Ejercicio 4

a) Porque hay muy pocos extranjeros.
b) Lo peor es que llueve mucho. Lo mejor es que el paisaje es muy verde.
c) Los inviernos son fríos y nieva mucho. En los veranos hace calor y mucho sol.
d) El clima es húmedo, con inviernos largos y fríos y veranos cortos y templados.
e) Porque llueve.

Pista 22. Ejercicio 5

	Navidad	Nochevieja	6 de enero, Día de Reyes
Pablo	Toda la familia se reúne en casa de sus abuelos para hacer una comida especial.	Noche para los amigos. Cenan en un restaurante y bailan hasta las 6 de la noche.	Se despiertan todos muy temprano para abrir los juguetes, y juegan hasta tarde.
Isabel	Se levanta temprano, da un paseo por el pueblo y come a las dos de la tarde.	Pasa la Nochevieja con sus padres y abuelos.	Celebra este día en San Sebastián con sus amigos. Siempre tiene muchos regalos.

Mis viajes (p. 57)

a) No, porque es la capital de España.
b) Porque hay muchos centros comerciales y tiendas exclusivas en el centro.
c) En el centro de Madrid.
d) El día de Nochevieja, a las 12 de la noche.
e) Toma uvas y champán, y celebra el paso al año nuevo.

UNIDAD 6

El blog de Sonia (p. 59)

a) La universidad.
b) En bus, en tren o en coche.
c) Es más caro que el bus.
d) Cinco horas.
e) Quiere ideas sobre cosas que hacer en Salamanca.

vocabulario (p. 60)

Ejercicio 3

a) Hotel Palacio del Duero (porque tiene todas las comodidades).
b) Pensión Loli.
c) Hostal Rey Alfonso (porque está en el centro y está bien equipado).

Gramática (p. 61)

Ejercicio 1

a) Carlos la cuenta a su padre.
b) La compramos porque nos gusta mucho.
c) La camarera las trae a la mesa.
d) Lo lavas por las mañanas.
e) Luis, ¡ábrela!
f) El panadero las hace.
g) El dependiente lo cuenta.
h) Voy a verlo esta tarde.

Nota cultural (p. 63)

a) Trae mucho dinero al país y da mucho trabajo a los españoles.
b) El turismo está muy concentrado en unas zonas y unas temporadas concretas. Eso causa problemas al medio ambiente.
c) Para evitar la concentración turística.
d) Es más respetuoso con el medio ambiente.

165

Actividades auditivas (p. 66)

Pista 23. Ejercicio 1

	Pregunta	Sí / No	¿Por qué?
Nuria	¿Vas a ir a Francia de vacaciones este año?	No	No tiene dinero para viajar.
Tomás	¿Vas a ir al supermercado esta tarde?	Sí	Sus padres van a visitarlo y no tiene comida en casa.
Sandra	¿Vas a apuntarte al gimnasio el mes que viene?	No	No tiene tiempo: tiene que trabajar hasta muy tarde casi todos los días y estudiar para los exámenes.
Ernesto	¿Vas a salir esta noche?	Sí	Va a celebrar el fin de curso con sus amigos.

Pista 24. Ejercicio 2

Bilbao: Está en el andén 34.
La Coruña: Lleva un retraso de unos 20 minutos debido a problemas técnicos. Llegada prevista a las 21:20, andén 23.
Salamanca: Sale a las 12:30. Está en el andén 15.
Sevilla: El autobús llega a las 9. Hace una parada de 20 minutos en el andén 11.

Pista 25. Ejercicio 3

	Primer diálogo	Segundo diálogo
Ciudad de destino	Santander	Sevilla
Día/hora de la salida	mañana, 9 am	lunes 3 de enero (hora no especificada)
Tipo de billete	ida	ida y vuelta
Precio y forma de pago	42,65 euros. Pago al contado	33,84 euros. Pago con tarjeta.

Pista 26. Ejercicio 4

	Pensión Raquel	Hostal Manzanares	Hotel Libunca
Fechas que se quiere reservar	El fin de semana y viernes	mañana	El 5 de enero, tres noches en total.
Tipo de habitación disponible	habitación individual	habitación doble sin baño	habitación doble
Precio de la habitación	21 euros por persona	43 euros/noche	66,40 euros por noche, 199,20 euros en total
¿Está el desayuno incluido?	No	Sí	No
Método de pago	-----	Efectivo	Tarjeta

Mis viajes (p. 67)

a) Está tomando un café con Carla en la Plaza Mayor de Salamanca.
b) Va a cenar con Carla en un mesón típico. Después van a salir con unos amigos.
c) Porque es una de las universidades más antiguas de Europa.
d) Estudiantes, normalmente.
e) La Casa de las Conchas, o las catedrales, por ejemplo.

UNIDAD 7

El blog de Sonia (p. 69)

a) Verdadero.
b) Falso. La cena es la comida más fuerte.
c) Verdadero.
d) Verdadero.
e) Falso. La ventaja es que puedes ir de compras hasta más tarde.

vocabulario (p. 70)

Ejercicio 1

	Inglaterra	España
Desayuno	Más fuerte	Más ligero
Comida / almuerzo	Sobre las 12 del mediodía. Normalmente se come sólo un bocadillo o una sopa.	Entre las 2 y las 3 de la tarde. Es la comida más fuerte del día.
Cena	Sobre las 6 o las 7 de la tarde. Es la comida más fuerte del día.	A las 9 de la noche o más tarde. Es una comida ligera.
Tiendas	No cierran a la hora de comer, tienen horario continuo entre las 10 y las 5.	Cierran entre las 2 y las 5 de la tarde. Después están abiertas hasta muy tarde.

Ejercicio 2

panadería	frutería	carnicería	pescadería	pastelería	farmacia
una barra de pan	un kg de naranjas una lechuga	un pollo un kilo de filetes de ternera	dos kilos de sardinas un kilo de calamares	una tarta de chocolate unos bombones	una caja de aspirinas cosméticos hipoalerg.

Gramática (p. 71)

Ejercicio 1

a) empieza
b) duerme
c) vuelvo
d) juegan
e) preferimos
f) tiene
g) pide
h) dices
i) pueden
j) queréis

Ejercicio 2

a) Hago
b) pongo
c) sales
d) tenéis
e) va
f) traigo
g) hacen
h) sois … somos
i) sale

Nota cultural (p. 73)

a) Verdadero.
b) Falso. Es para proteger el vino de la arena.
c) Verdadero.
d) Falso. Las raciones son más grandes que las tapas.
e) Falso. Las tapas varían mucho de región a región.

Actividades auditivas (p. 76)

Pista 27. Ejercicio 1

Verbo	Persona gramatical	Significado en tu idioma
voy	yo	?
duerme	él/ella/usted	?
dormimos	nosotros	?
pueden	ellos	?
podéis	vosotros	?
haces	tú	?
salgo	yo	?
jugamos	nosotros	?

Pista 28. Ejercicio 2

a) La mujer compra: un kilo de patatas, una docena de huevos, dos kilos y medio de naranjas de Marruecos.
El hombre compra: tres barras de pan, una docena y media de huevos y cuatro pasteles.
b) La mujer paga 9,13 euros y el hombre paga 6,97 euros.
c) Quieren pagar con tarjeta pero no pueden, porque son tiendas pequeñas.

Pista 29. Ejercicio 3

	hombre	mujer
primer plato	sopa de verduras	ensalada
segundo plato	verduras con jamón	pescado al vapor
bebida	copa de vino tinto	cerveza
precio y forma de pago	45,96 euros. Pagan con tarjeta.	

Pista 30. Ejercicio 4

	Sandra	Sergio	Beatriz
07:00	Se levanta	Desayuna	Despierta a su marido y a los niños
07:30	Empieza a escribir	Sale de casa y va a la parada del metro	Desayuna toda la familia junta
10:30	Descanso de media hora. Café.	Va al banco	Beatriz y su hija pequeña dan un paseo por el parque
14:00	Termina de escribir. Se ducha y se viste.	Termina de trabajar	Su marido y los niños llegan a casa y comen todos juntos

Pista 31. Ejercicio 5

• Falso. Se levanta a las 7.
• Falso. Desayuna a las 7:30.
• Verdadero.
• Verdadero.
• Verdadero.
• Falso. El menú del día cuesta 10 euros.
• Verdadero.
• Falso.
• Verdadero.
• Falso. Los jueves es cuando sale de noche hasta muy tarde.

Mis viajes (p. 77)

a) Porque en esa región hay la mejor comida de España.
b) Es muy buena. Una cosa típica son los pintxos, por ejemplo.
c) Es el idioma regional del País Vasco.
d) Porque está en el centro de San Sebastián y es una playa muy bonita, con arena fina y un paseo marítimo precioso.
e) No. El aeropuerto de San Sebastián está más cerca, a sólo 22 km de la ciudad.

UNIDAD 8

El blog de Sonia (p. 79)

a) Tiene mucho trabajo de la universidad y además sale mucho con sus amigos.
b) La gente lleva disfraces por la calle.
c) En que la gente hace cosas normales, como salir a cenar o a tomar unas copas, pero disfrazada.
d) Porque es lo normal en España.
e) No está claro. Puede decir que está enferma y quedarse en casa a descansar.

Gramática (p. 81)

Ejercicio 1

a) has preparado … he preparado
b) ha encontrado
c) han abierto
d) he hecho
e) has visto … no he tenido
f) hemos cerrado
g) ha dicho … ha tenido
h) han escrito
i) no han visto

Nota cultural (p. 83)

a) Falso. También se celebra en los países latinos.
b) Verdadero.
c) Falso. El Carnaval estaba prohibido en la época franquista.
d) Verdadero.

Actividades auditivas (p. 86)

Pista 32. Ejercicio 1

Frase	Significado
Ya he estado en Barcelona	?
Todavía no han terminado su trabajo	?
Hemos empezado la clase	?
Aún no ha llamado a su novia	?
Habéis comido un plato de verdura	?
¿Ya has visto el partido?	?
Ha escrito un e-mail a David	?
Nos hemos enfadado con Marina	?
Todavía no he hecho la cena	?
Aún no has visto la película	?

Pista 33. Ejercicio 2

a) Ha visto el Carnaval de Tenerife y ha nadado en el mar.
b) Porque tiene muchísimo trabajo en este momento.
c) No. Ha ido al cine varias veces, ha hecho varias excursiones y ha visto unas exposiciones de fotografía.
d) No ha trabajado mucho en este tiempo, por eso está tan estresado.

Pista 34. Ejercicio 3

a) Ha ido a la Plaza Mayor y ha ido de compras por la Gran Vía. También ha estado en la Plaza de Santa Ana.
b) Le ha gustado la Plaza Mayor, aunque le parece una zona cara para comer. La Gran Vía le ha gustado menos porque siempre hay mucha gente. La Plaza de Santa Ana le parece una zona muy agradable.
c) No ha visitado el Museo del Prado y el Centro Reina Sofía.
d) En el Museo del Prado puede ver colecciones de pintura de los siglos XVII y XVIII. En el Centro Reina Sofía puede ver el cuadro "Guernica".

Pista 35. Ejercicio 4

	artículo	características	precio	forma de pago
1ª conversación	gafas	bonitas y modernas	----------	-----------
2ª conversación	falda	demasiado pequeña	----------	-----------
3ª conversación	camisa	en rojo y en amarillo	58 euros	Con tarjeta
4ª conversación	zapatos	talla 44, cómodos	42 euros	Efectivo.

Mis viajes (p. 87)

a) No. La mejor figura no se quema.
b) Para poder ver toda la ciudad en poco tiempo.
c) Le ha gustado mucho. Se ha quedado con la boca abierta.
d) Ha ido a un restaurante con unos amigos. Ha comido fideuá, un plato típico de Valencia.

UNIDAD 9

El blog de Sonia (p. 89)

a) Porque quiere vivir con estudiantes de su edad. Además, la madre de Rosa está embarazada.
b) Hay tres personas: dos chicas muy simpáticas de Bilbao (Susana y Andrea) y un chico de Almería, que se llama Miguel y es muy guapo.
c) Cada semana una persona del piso hace la limpieza. Cocinan todos por separado.
d) Le gusta mucho porque es muy limpio y cocina muy bien.

Gramática (p. 91)

Ejercicio 1

a) estudió
b) solucionaron
c) escribiste
d) visité
e) contestaron
f) aprendió
g) salimos
h) llegamos
i) tomó

Actividades escritas (p. 92)

Ejercicio 1

Miguel de Cervantes nació en Alcalá de Henares en 1547.
En 1566 se trasladó a Madrid.
En 1568 escribió su primera obra.
En 1571 participó en la batalla de Lepanto y perdió el uso del brazo izquierdo.
En 1575 se convirtió en prisionero tras una batalla.
Entre 1575 y 1589 vivió en Argel como esclavo.
En 1580 regresó a España.
En 1597 pasó unos meses en la cárcel de Sevilla.
En 1604 se instaló en Valladolid.
En 1605 publicó la primera parte de Don Quijote de la Mancha.
En 1607 se trasladó definitivamente a Madrid.
Entre 1606 y 1616 escribió muchas obras.
En 1616 falleció.

Nota cultural (p. 93)

a) Falso. Son grupos musicales tradicionales.
b) Verdadero.
c) Verdadero.
d) Falso. Hoy en día los tunos son estudiantes normales.

Actividades auditivas (p. 96)

Pista 36. Ejercicio 1

Verbo	Persona gramatical	Significado en tu idioma
Cantamos	Nosotros	?
Salisteis	Vosotros	
Comieron	Ellos	
Bebí	Yo	
Estudió	Él / ella / usted	
Practicaste	Tú	
Estuvieron	Ellos	
Terminasteis	Vosotros	

Pista 37. Ejercicio 2

	Actividades de Rosa
lunes	Fue a Madrid a ver a su prima, que acaba de tener un bebé.
martes	Cogió un tren para volver a Santiago, llegó a las 12 de la noche.
miércoles	Ayudó a Sonia a mudarse a su piso nuevo.
jueves	Fue a ver a su abuela al hospital. Le compró un periódico y flores.
viernes	Por la mañana estuvo en clase, y por la tarde fue a la biblioteca a preparar un examen. Cuando llegó a casa se fue directamente a cama.
sábado	Fue el cumpleaños de su amiga Juana y fue a cenar con ella. Después fueron de copas y a la discoteca. Se acostó a las cinco de la mañana.
domingo	Durmió todo el día porque estaba muy cansada.

Pista 38. Ejercicio 3

	1er diálogo	**2º diálogo**
origen de la persona que llama	Argentina	León
características del piso	Está cerca de la estación de autobuses, tiene calefacción individual y está muy bien amueblado.	Cerca de la Plaza del Cura Sama y a 10 minutos de la Facultad de Filología. No tiene calefacción pero hay radiadores eléctricos.
personas que viven en el piso	Pueden vivir tres personas	Cuatro personas
precio	600 euros al mes, recibos aparte	175 euros al mes, recibos aparte
visita al piso	mañana al mediodía	Esa tarde, entre las 6 y las 7.

Pista 39. Ejercicio 4

	¿piso limpio o sucio?	**tareas que hacen por separado**	**tareas que comparten**
Sole	limpio	hacer la compra, cocinar y lavar los platos	la limpieza del piso
Manuel	sucio	limpiar sus habitaciones	hacer la compra, la comida y limpiar el cuarto de baño.

Mis viajes (p. 97)

a) Le gustan las playas y el contacto con la naturaleza.
b) No, están deshabitadas, aunque hay un camping.
c) Ninguna de las típicas atracciones turísticas. Pero tiene una naturaleza preciosa y se puede disfrutar de la playa y del paisaje.

d) Sí, porque pudo desconectar de su vida normal, bañarse en la playa y charlar mucho con sus amigos.
e) Fue a dar un paseo con Miguel hasta el faro.

UNIDAD 10

(p 98)

Posibles soluciones:

a) Hace 3 meses que vivimos en Madrid.
b) Sandra conoce a Pablo desde hace 10 años.
c) Llevas 2 semanas saliendo con Silvia.
d) Hace 2 años que mi vecino trabaja en una empresa extranjera.
e) Llevo una hora escribiendo un e-mail.
f) Esperan el autobús desde hace 10 minutos.
g) Hace 5 años que Carla juega al baloncesto profesional.
h) Usted lleva media hora tocando la guitarra.

El blog de Sonia (p. 99)

a) Hace 7 meses que Sonia estudia en Santiago.
b) Porque hay muchas actividades religiosas por las calles, como las procesiones.
c) Porque hace muchas cosas diferentes todas las semanas.
d) Porque puedes practicar español y hacer amigos al mismo tiempo.
e) Que a veces echas de menos a la familia.

Gramática (p. 101)

Ejercicio 2

a) está cortando
b) están terminando
c) estás bebiendo
d) estáis aprendiendo
e) estoy tomando
f) está saliendo
g) está leyendo
h) están jugando
i) está aumentando

Actividades escritas (p. 102)

Ejercicio 2

- En el 4º izquierda un hombre está comiendo una manzana.
- En el 4º derecha una chica está hablando por teléfono.
- En el 3º izquierda una mujer está leyendo el periódico.
- En el 3º derecha un niño está jugando.
- En el 2º izquierda un chico está usando el ordenador.
- En el 2º derecha un hombre está cocinando.
- En el 1º izquierda un niño está bebiendo un vaso de agua
- En el 1º derecha una mujer está escuchando música.

Nota cultural (p. 103)

a) Verdadero.
b) Falso. Es un símbolo de penitencia y fervor religioso.
c) Verdadero.
d) Falso. En la actividad es una fiesta cultural también.
e) Falso. Cada región española tiene sus particularidades.

Actividades auditivas (p. 106)

Pista 40. Ejercicio 1

Frase en español	Significado en tu idioma
Hace dos meses que conozco a Pedro.	
Luis come carne desde hace diez años.	
Llevo una semana enfermo.	
Hace diez días que no bebo alcohol.	
Salgo con Sandra desde hace 8 meses y medio.	
Llevamos dos horas esperando por ti.	

Pista 41. Ejercicio 2

	¿Qué les pasa?	¿Por qué?
Marisa	Está muy cansada.	Lleva una semana trabajando 13 horas al día.
Eduardo	Está muy contento.	Hace dos meses que sale con una chica estupenda.
Virginia	Está muy preocupada por su hermana.	No la llama por teléfono desde hace un mes.
Ignacio	Está muy enfadado con Luis.	Lleva más de media hora esperando por él.

Pista 42. Ejercicio 3

Errores:
• A las 9 de la mañana la señora Sánchez está trabajando con el ordenador.
• A las 12:45 la señora Sánchez está reunida sólo con un hombre.
• A las 17:30 la señora Sánchez está sola.

Pista 43. Ejercicio 4

	Fernando	Elena
Ahora	Tomar un café	No puede. Va a visitar a su hermana.
La semana que viene	No puede quedar porque va a viajar a EE. UU. por motivos de trabajo.	-----------------
Mañana por la noche	Quedar mañana por la noche	No puede. Trabaja hasta muy tarde y quiere acostarse pronto.
El miércoles	Ir juntos a la exposición de Picasso	Tiene clases de yoga hasta las 9 y después va a cenar con Lisa.
El jueves	Ir a un concierto de jazz en el parque	No quiere porque el jazz no le gusta mucho, además suele cenar con sus padres.
El fin de semana	Hacer algo el fin de semana	Va de viaje a Roma con su novio.

Pista 44. Ejercicio 5

a) Es un amigo del hermano de Juan.
b) Sí, pero la música está muy alta.
c) Le preocupan los vecinos.
d) Carlos no sabe con seguridad: sobre las cinco o las seis.
e) Tiene que levantarse a las nueve y coger un tren para ir a su pueblo.
f) A lo mejor la madre de Juan…

Mis viajes (p. 107)

a) Porque Isabel la ha invitado a pasar un fin de semana con su familia.
b) Porque el centro es muy ruidoso por las noches.
c) Es la zona de bares de León y tiene mucho encanto.
d) Buen tiempo.
e) Porque mañana tiene que volver a Santiago.

UNIDAD 11

El blog de Sonia (p. 109)

a) No se encuentra bien. Le duele la cabeza y tiene ganas de vomitar.
b) Porque bebió demasiado el fin de semana.
c) No, porque es no es lo normal en su país.
d) Porque no duermes lo suficiente y es fácil enfermar.

vocabulario (p. 110)

Ejercicio 1

a) Tiene fiebre, dolor de cabeza y ganas de vomitar. También le duele la espalda.
b) Una intoxicación alimenticia por comer marisco en mal estado. También tiene catarro.
c) Tomar paracetamol, beber mucha agua, descansar, comer cosas ligeras y no beber alcohol.

Gramática (p. 112)

Ejercicio 1

	Ser	Ir	Ver
Yo	Era	Iba	Veía
Tú	Eras	Ibas	Veías
Él / ella / usted	Era	Iba	Veía
Nosotros	Éramos	Íbamos	Veíamos
Vosotros	Erais	Ibais	Veíais
Ellos/as	Eran	Iban	Veían

Ejercicio 2

a) Era… tenía
b) Estudiaba
c) Estabas
d) Se podía
e) Vivíamos
f) Eran
g) Estudiaba … iba
h) Bebíais … hacíais

Nota cultural (p. 113)

a) Falso. Los españoles son los europeos que más fuman.
b) Verdadero.
c) Falso. Las mujeres fuman más que los hombres.
d) Verdadero.
e) Falso. La presión social es muy fuerte.

Actividades auditivas. (p. 116)

Pista 45. Ejercicio 1

	Frase en español	Significado
a	Antes siempre nevaba en invierno	¿?
b	Hace 10 anos vivíamos en Santander	¿?
c	El año pasado estudiaban en Inglaterra	¿?
d	Cuando era pequeña iba mucho al parque	¿?
e	Antes hacías la compra en tiendas pequeñas	¿?
f	Cuando erais estudiantes bebíais mucho	¿?
g	Siempre estábamos enfadados con mis padres	¿?

Pista 46. Ejercicio 2

		Antes	Ahora
Paco	Libertad	Tenia menos libertad porque vivía con sus padres	Tiene más libertad porque vive con amigos
	Transporte	Dependía del transporte publico	Paco: Puede ir a pie a todas partes
	Trabajo de casa	No tenia que hacer nada en casa	Tiene que hacer todas las tareas domesticas
Lisa	Dinero	Necesitaba menos dinero para salir	Tiene que tener más cuidado con su dinero
	Sitios para salir	No había tanta variedad de sitios para salir	Mucha variedad de sitios para salir
	violencia	Cuando vivía en Oviedo no tenía miedo de volver sola a casa de noche	En Barcelona hay algunas zonas peligrosas

Pista 47. Ejercicio 3

	Primer paciente	Segundo paciente	Tercer paciente
Síntomas	Dolor de cabeza, mareos, siempre está cansada, no tiene energía.	Mucha tos, palpitaciones y mareos. También tiene estrés.	Le duele el brazo. Lo tiene rojo e hinchado.
Costumbres	No come suficientes frutas o verduras.	Fuma 20 cigarrillos al día, come demasiada grasa y carne pero pocas verduras. Bebe mucho.	--------

Diagnostico	Anemia.	Problemas de corazón causados por el estrés y la dieta.	Tiene el brazo roto.
Recomendación del medico	Llevar una dieta sana y equilibrada, comer mucha fruta, carne y pescado.	Dejar de fumar y comer mejor. Hacer ejercicio todas las semanas.	Tomar dos pastillas tres veces al día, descansar y beber mucha agua.

Pista 48. Ejercicio 4

Marta

a) Porque conoció al hombre de su vida
b) Es un estudiante francés que acaba de llegar a España.
c) Sí. Va a verlo el fin de semana.

Manolo

a) Un chico que iba en moto le robó la cartera, donde tenía el trabajo para su asignatura.
b) Si denunció el robo a la policía.
c) Que lo atacó un hombre cuando iba a la comisaría, y terminó en el hospital.

Mis viajes (p. 117)

a) Porque esos días había un concurso de los mejores patios.
b) En los patios de las casas cordobesas.
c) Porque los musulmanes vivieron en Córdoba durante casi 800 años.
d) Que hace mucho calor.

UNIDAD 12

El blog de Sonia (p. 119)

a) Para mejorar su español y hacer cosas con sus amigos.
b) Aproximadamente tres semanas.
c) Porque el 25 de julio son las celebraciones del día del Apóstol Santiago.
d) Le parece muy duro.
e) Que si Sonia hace el Camino, él también lo hará.

Gramática (p. 122)

Ejercicio 2

a) Terminará
b) Me casaré
c) Empezarán
d) Conocerás
e) Perderemos

Ejercicio 3

	Decir	Haber	Hacer	Poder
Yo	Diré	Habré	Haré	Podré
Tú	Dirás	Habrás	Harás	Podrás
Él/ Ella/ Ud.	Dirá	Habrá	Hará	Podrá
Nosotros	Diremos	Habremos	Haremos	Podremos
Vosotros	Diréis	Habréis	Haréis	Podréis
Ellos/ Ellas	Dirán	Habrán	Harán	Podrán

	Querer	**Salir**	**Tener**	**Venir**
Yo	Querré	Saldré	Tendré	Vendré
Tú	Querrás	Saldrás	Tendrás	Vendrás
Él/ Ella/ Ud.	Querrá	Saldrá	Tendrá	Vendrá
Nosotros	Querre-mos	Saldremos	Tendre-mos	Vendre-mos
Vosotros	Querréis	Saldréis	Tendréis	Vendréis
Ellos/ Ellas	Querrán	Saldrán	Tendrán	Vendrán

Ejercicio 4

a) Vamos a hacer
b) Vas a ir
c) Va a solicitar
d) Van a viajar
e) Voy a salir
f) Vais a comprar

Nota cultural (p. 123)

a) Se suelen encender hogueras en las playas o en las pla-zas.
b) Es una tradición relacionada con la virilidad. También se cree que trae buena suerte.
c) Es un rito relacionado con la fertilidad y el amor.
d) Tiene unos restos prehistóricos en la misma playa.
e) Porque saltó la hoguera.

Actividades auditivas (p. 126)

Pista 49. Ejercicio 1

	Planes para el verano	Aspectos posi-tivos	Aspectos nega-tivos
Francisco	Va a pasar el verano en un pueblo de Aragón, con su novia, tra-bajando de voluntarios restaurando pueblos aban-donados.	Es algo que les gusta y que también es útil para otras personas.	El alojamiento es muy básico y no hay agua caliente en las duchas.
Elena	Va a pasar el verano es-tudiando en casa de sus abuelos, en el pueblo.	En el pueblo no hay dis-tracciones y es más fácil concentrarse. Además puede ayudar a sus abuelos con los animales de la granja.	Va a echar mu-cho de menos a su novio.

Luis	Va a hacer prácticas la-borales en una empresa de Madrid	Es una buena oportunidad para ganar experiencia. Aprenderá mucho sobre el comercio internacional.	Trabajará mu-chas horas y ganará muy poco dinero.

Pista 50. Ejercicio 2

a) Verdadero
b) Falso. Trabajará diseñando coches y sistemas de seguridad.
c) Falso. Su mujer trabajará en una empresa internacional.
d) Falso. Cree que las cosas seguirán igual.
e) Verdadero.
f) Verdadero.
g) Verdadero.
h) Falso. Su trabajo le permitirá conocer a gente interesante, aunque será difícil formar amistades duraderas.

Pista 51. Ejercicio 3

Marisa Bermúdez

• Va a conseguir un buen trabajo en una gran empresa y viajará por todo el mundo.
• Va a salir en televisión.
• Conocerá a un hombre atractivo que trabaja en algo rela-cionado con el cine.

Héctor Díaz

• Va a perder su trabajo y estará en paro mucho tiempo.
• Su mujer comenzará una relación con un compañero de trabajo y Héctor será despedido.

Pista 52. Ejercicio 4

Ver trascripción.

Mis viajes (p. 127)

a) Porque Sonia no va a pasar el verano en su país.
b) Porque a la madre de Sonia le gusta mucho la naturaleza.
c) Alquilarán un coche. Se quedarán en el camping Las Ga-viotas y harán senderismo.
d) Porque irán a todas partes a pie.
e) Dice que es muy buena. Un plato tradicional es la fabada, y la bebida típica es la sidra.

UNIDAD 13

Vocabulario (p. 128)

a) 6
b) 2
c) 3
d) 1
e) 4
f) 5

El blog de Sonia (p. 129)

a) Se siente confusa porque no sabe qué va a pasar ahora.
b) Porque no aclararon su situación.
c) No sabe si el beso ha significado algo importante para Miguel.
d) Hablar con él.
e) Dice que mañana empiezan el Camino y que va a ser una situación muy incomoda.

Gramática (p. 132)

Ejercicio 2

a) Deberías
b) Comería
c) Veríamos
d) Iría
e) Mataría
f) Se casarían
g) Perderíais
h) Ganaría

Ejercicio 3

	Decir	Haber	Hacer	Poder
Yo	Diría	Habría	Haría	Podría
tú	Dirías	Habrías	Harías	Podrías
Él/...	Diría	Habría	Haría	Podría
Nosotros	Diríamos	Habríamos	Haríamos	Podríamos
Vosotros	Diríais	Habríais	Haríais	Podríais
Ellos	Dirían	Habrían	Harían	Podrían

	Querer	Salir	Tener	Venir
Yo	Querría	Saldría	Tendría	Vendría
tú	Querrías	Saldrías	Tendrías	Vendrías
Él/...	Querría	Saldría	Tendría	Vendría
Nosotros	Querríamos	Saldríamos	Tendríamos	Vendríamos
Vosotros	Querríais	Saldríais	Tendríais	Vendríais
Ellos	Querrían	Saldrían	Tendrían	Vendrían

Nota cultural (p. 133)

a) Porque se supone que el Apóstol Santiago está enterrado en la catedral.
b) Pueblos preciosos, lugares históricos, buena gastronomía y un paisaje muy verde.
c) Es el final del Camino de Santiago.
d) Quemar su ropa y nadar en el mar, para purificar su cuerpo y su alma.

Actividades auditivas (p. 136)

Pista 53. Ejercicio 1

Mónica: La escasez de agua.
Arturo: La contaminación.
Susana: Los incendios forestales.

Pista 54. Ejercicio 2

	¿sí /no?	¿por qué?
1ª persona	No	Porque no estaría tranquilo, porque mucha gente querría pedirle o robarle su dinero.
2ª persona	Sí	Porque no tendría las preocupaciones económicas que tiene ahora y podría ayudar a su familia.
3ª persona	Sí	El dinero no da la felicidad, pero ayuda.
4ª persona	No	Porque no sabría qué hacer con su dinero.

Pista 55. Ejercicio 3

Comida: pan y algo más, como queso o jamón, para hacer unos bocadillos.
Bebida: unas cervezas.
Tiempo libre: vería un partido de fútbol en la televisión con sus amigos.

Pista 56. Ejercicio 4

	Solución	¿por qué?	¿cómo?
a	Reciclar más	No lleva demasiado tiempo y tiene un efecto positivo para el medio ambiente.	Separando la basura.
b	Consumir menos	Cuanto más se consume, más energía se utiliza y más se contamina.	Comprando cosas de segunda mano y reparando los objetos que se estropean.
c	Usar medios de transporte no contaminantes	Porque los medios de transporte como el coche o el avión contaminan mucho.	Usando el transporte público a diario y pasar las vacaciones en lugares cercanos.
d	Usar energías alternativas	Son fuentes energéticas baratas, renovables y que no dañan el medio ambiente.	El gobierno debería financiar su investigación.

Mis viajes (p. 137)

a) Porque estaba haciendo el Camino de Santiago.
b) En total, seis o siete horas al día.
c) No, debido al cansancio y a la situación con Miguel.
d) Está enamorado de ella.
e) Porque ese día son las fiestas de Apóstol Santiago.

UNIDAD 14

El blog de Sonia (p. 139)

a) Porque era su fiesta de despedida.
b) Que no es para siempre: lo importante es seguir en contacto.
c) Porque ha aprendido sobre la cultura del país, ha visitado lugares maravillosos y ha conocido a gente estupenda.
d) Porque tiene que volver a Inglaterra para terminar sus estudios.
e) Va a estudiar en una de las mejores universidades de Londres.
f) Porque podrán pasar el año que viene juntos y continuar su relación.

vocabulario (p. 140)

Mi experiencia Erasmus

a) Tiene un nivel intermedio porque sólo hace tres años que estudia inglés.
b) Le parece difícil, especialmente la pronunciación. Pero la gramática es relativamente sencilla.
c) Su acento.
d) Que llevan muy poca ropa en invierno.
e) Que son muy altas, más altas que Alejandro.

Gramática (p. 141)

Ejercicio 1

a) Haga
b) Estudie
c) Me case
d) Exista
e) No recicle
f) Vengas
g) Se preocupen
h) Venga
i) Llueva
j) Haga

Nota cultural (p. 143)

a) Falso. Sólo en la Unión Europea.
b) Verdadero.
c) Falso. Es una generación de gente que ha estudiado en otros países europeos.
d) Verdadero.

Actividades auditivas (p. 146)

Pista 57. Ejercicio 1

Frase en español	Significado en tu idioma
a) Quiero que vengas	¿?
b) Espero que me llames	¿?
c) Necesitamos que termines pronto	¿?
d) Deseo que te guste	¿?
e) Quieren que los llames	¿?
f) Necesitas que te ayudemos	¿?

Pista 58. Ejercicio 2

Noticia	Reacción
a) "Profesor Iglesias, mañana no puedo ir a su clase porque no me encuentro bien"	"No te preocupes, que te mejores"
b) "Estoy cansadísima, me voy a la cama"	"Que duermas bien"
c) "El sábado, Carlos y yo nos vamos de vacaciones a los Pirineos"	"Que lo paséis bien"
d) "Este viernes tengo mi primera cita con esa chica tan fantástica que conocí en la fiesta de Arturo."	"Que tengas mucha suerte"
e) "mañana tengo mi primer examen"	"Que te salga bien"
f) "María, acabo de ver a tu ex-novio con otra chica."	"no me importa, por mí, que se muera"

Pista 59. Ejercicio 3

	Tema del artículo	Queja	Deseo para el futuro
Primer mensaje	La inmigración en España	La revista tiene opiniones racistas sobre ese tema.	Que los siguientes artículos sobre la inmigración sean mas razonables.
Segundo mensaje	Las modelos adolescentes	La Calle utiliza fotografías de niñas anoréxicas como si fueran una norma de belleza.	Que utilicen modelos mayores y de una talla mas sana en el futuro.
Tercer mensaje	El uso de la marihuana entre los jóvenes	La revista muestra opiniones muy tolerantes en cuanto al uso de esa droga.	Que condenen el uso de cualquier tipo de droga.

Pista 60. Ejercicio 4

Razones a favor	Razones en contra
• Son una parte importante de la cultura española.	• El toreo es un crimen.
• También matamos a los animales para comerlos.	• No se debe matar por diversión.
• Los toros llevan una vida idílica antes de morir. Viven mejor que los animales destinados al consumo humano.	• Matar para comer es una necesidad.
• El toreo es un arte.	• Matar no puede ser artístico.
• El toreo tiene un ritual de muchos años de tradición y los toreros demuestran mucha valentía.	

Pista 61. Ejercicio 5

	Primera característica	Segunda característica
Primer hablante	Estudiar con regularidad.	Ser organizado y tener un buen método de estudio.
Segundo hablante	Ser constante y no dejar todo para el último minuto.	Mostrar interés en clase.
Tercer hablante	Tener un buen sitio para estudiar.	Dormir al menos 8 horas diarias.

Mis viajes (p. 150)

a) Porque tiene muchísimo equipaje.
b) Al principio no, porque estaba un poco estresada.
c) Un poco sí, porque no sabe qué va a pasar en el futuro.
d) Cuando esté en su país.